KENRO IZU

LUOGHI DELL'ANIMA
SOUL PLACES

SilvanaEditoriale

KENRO IZU

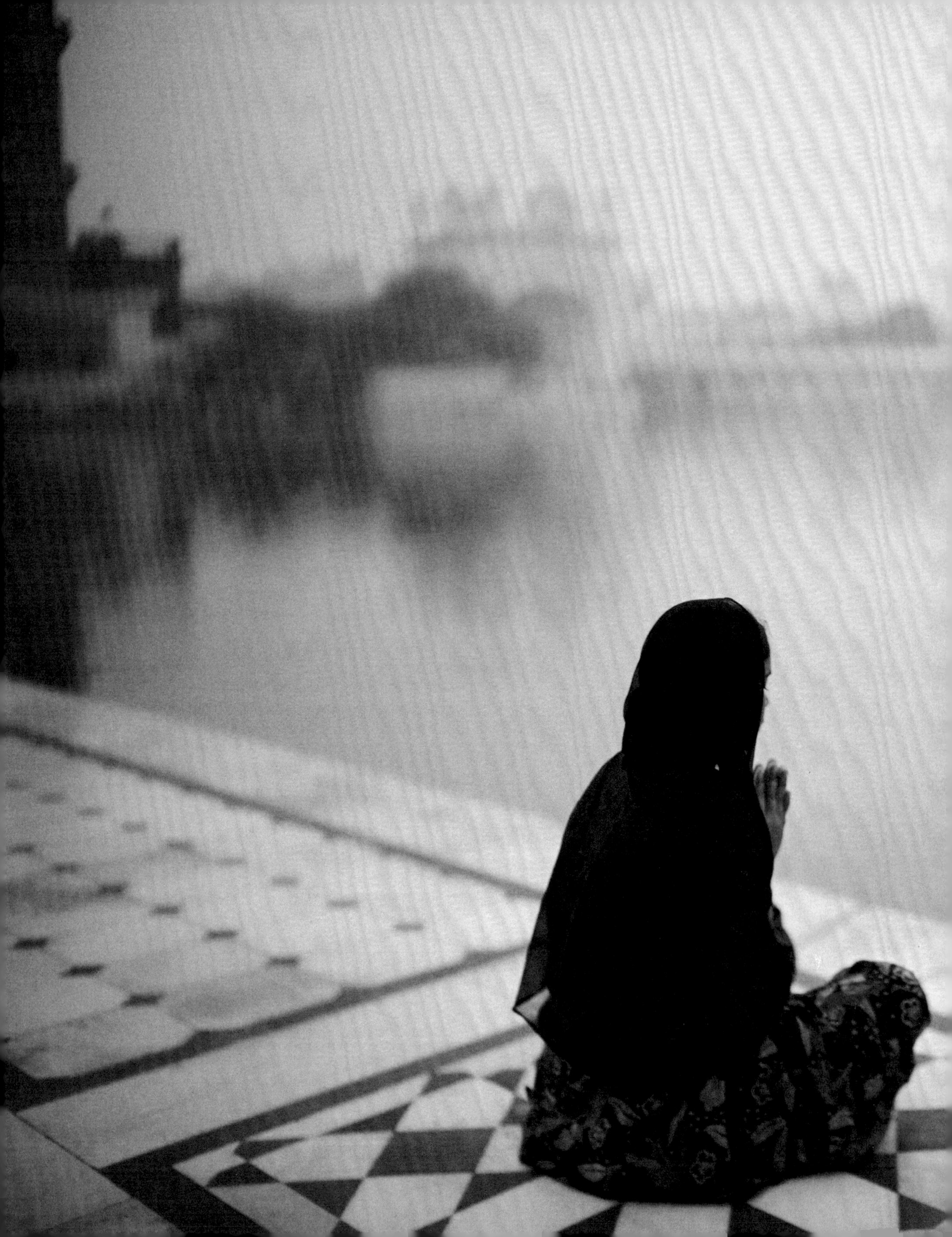

KENRO IZU LUOGHI DELL'ANIMA
SOUL PLACES

Rocca di Lonato del Garda
6 giugno – 31 agosto 2025
June 6 – August 31, 2025

Mostra promossa da
Exhibition promoted by

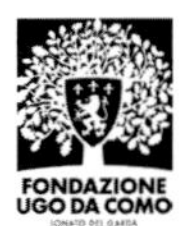

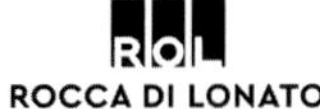

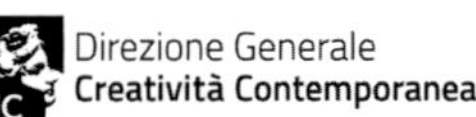

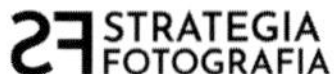

Con il patrocinio di
Under the patronage of

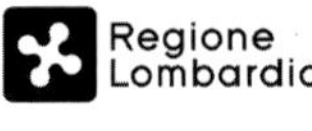

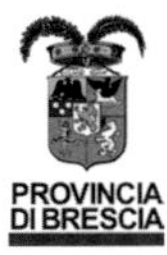

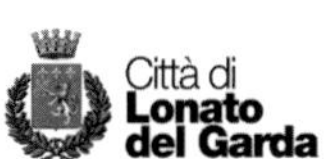

*A cura di / **Curated by***
Filippo Maggia

*Progetto di allestimento / **Setting-up project***
Top Tag Milano | Brescia

*Assicurazione / **Insurance***
MAC Assicurazioni – UnipolSai

*Comunicazione grafica / **Graphic communication***
Walter Almici – wa_étude

*Trasporti e allestimento / **Transport and set-up***
Cuminetti Fine Art Service

*Ufficio stampa / **Press office***
Marina Tagliaferri – Studio Agorà

*Visite guidate / **Guided tours***
Cooperativa La Melagrana

*Un ringraziamento a / **Thanks go to***
Associazione Amici della Fondazione Ugo Da Como

FONDAZIONE UGO DA COMO

*Consiglio di Amministrazione / **Board Directors***

*Presidente / **President***
Sergio Onger

*Vice Presidente / **Vice President***
Antonio Benedetto Spada

Stefano Karadjov
Maria Giulia Pasini
Loredana Rocca
Roberto Tardani
Maurizio Tira
Barbara Zarnetti Nocivelli

*Direttore Generale / **General Manager***
Giovanna Nocivelli

*Revisore dei conti / **Auditor***
Silvestro Specchia

*Collezioni e ricerca / **Collections and Research***
Stefano Lusardi
Roberta Valbusa

Servizi museali e didattici
Museum and Educational Services
Viviana Brunelli
Valentina Dal Dosso

A partire dal 2023, dopo il riallestimento della Sala del Capitano, la nostra Fondazione, con la direzione scientifica di Filippo Maggia, ha dato il via a una serie di importanti eventi espositivi dedicati all'arte fotografica. Abbiamo iniziato con la retrospettiva di Mario Giacomelli, continuato l'anno dopo con le vedute di Roma di Gabriele Basilico e con l'Italia dell'Ottocento nelle fotografie della Collezione Sandretto Re Rebaudengo di Torino, per arrivare oggi al fotografo giapponese di fama internazionale Kenro Izu, conosciuto per il suo stile meditativo e per la profonda spiritualità delle sue immagini. Realizzata grazie al finanziamento del bando Strategia Fotografia 2024 della Direzione Generale Creatività Contemporanea del Ministero della Cultura, la mostra presenta 55 immagini realizzate dal maestro nipponico tra il 1985 e il 2019. Un ampio arco cronologico

After the reorganization of Sala del Capitano in 2023, our Foundation, under the scientific direction of Filippo Maggia, has launched a series of important exhibitions dedicated to photographic art. We began with the retrospective of Mario Giacomelli, continued the following year with the views of Rome by Gabriele Basilico and with 19th-century Italy in the photographs of the Turin-located Collezione Sandretto Re Rebaudengo, up to the present, with the internationally renowned Japanese photographer Kenro Izu, known for his meditative style and the profound spirituality of his images. Made possible thanks to the funding of the Strategia Fotografia 2024 call by the Directorate-General for Contemporary Creativity of the Ministry of Culture, the exhibition presents 55 images taken by the Japanese Master between 1985 and 2019. A far-reaching chronological span that well represents

his vast production and his continuous search
for the *Soul Places*.
Kenro Izu has traveled the world over to capture
images of sites with a profound mystical meaning.
His images are not simple architectural representations,
but seize the aura surrounding the places.
His photographs convey a feeling of peace, exalting
the relationship between man and space. Temples,
ruins and landscapes appear suspended in time,
wrapped in an almost palpable silence, in an intimate
dialogue between light and shadow evoking beauty
and transience, life and death.

Sergio Onger
President, Fondazione Ugo Da Como

Giovanna Nocivelli
Director, Fondazione Ugo Da Como

che ben rappresenta la sua vasta produzione
e la sua continua ricerca dei *Luoghi dell'anima*.
Kenro Izu ha viaggiato in tutto il mondo per catturare
immagini di siti che avessero un profondo significato
mistico. Le sue immagini non sono semplici
rappresentazioni architettoniche, ma colgono l'aura che
circonda i luoghi. Le sue fotografie trasmettono una
sensazione di pace, esaltando il rapporto tra l'uomo
e lo spazio. I templi, le rovine e i paesaggi appaiono
sospesi nel tempo, avvolti da un silenzio quasi palpabile,
in un dialogo intimo tra luce e ombra che evoca
bellezza e caducità, vita e morte.

Sergio Onger
Presidente, Fondazione Ugo Da Como

Giovanna Nocivelli
Direttore, Fondazione Ugo Da Como

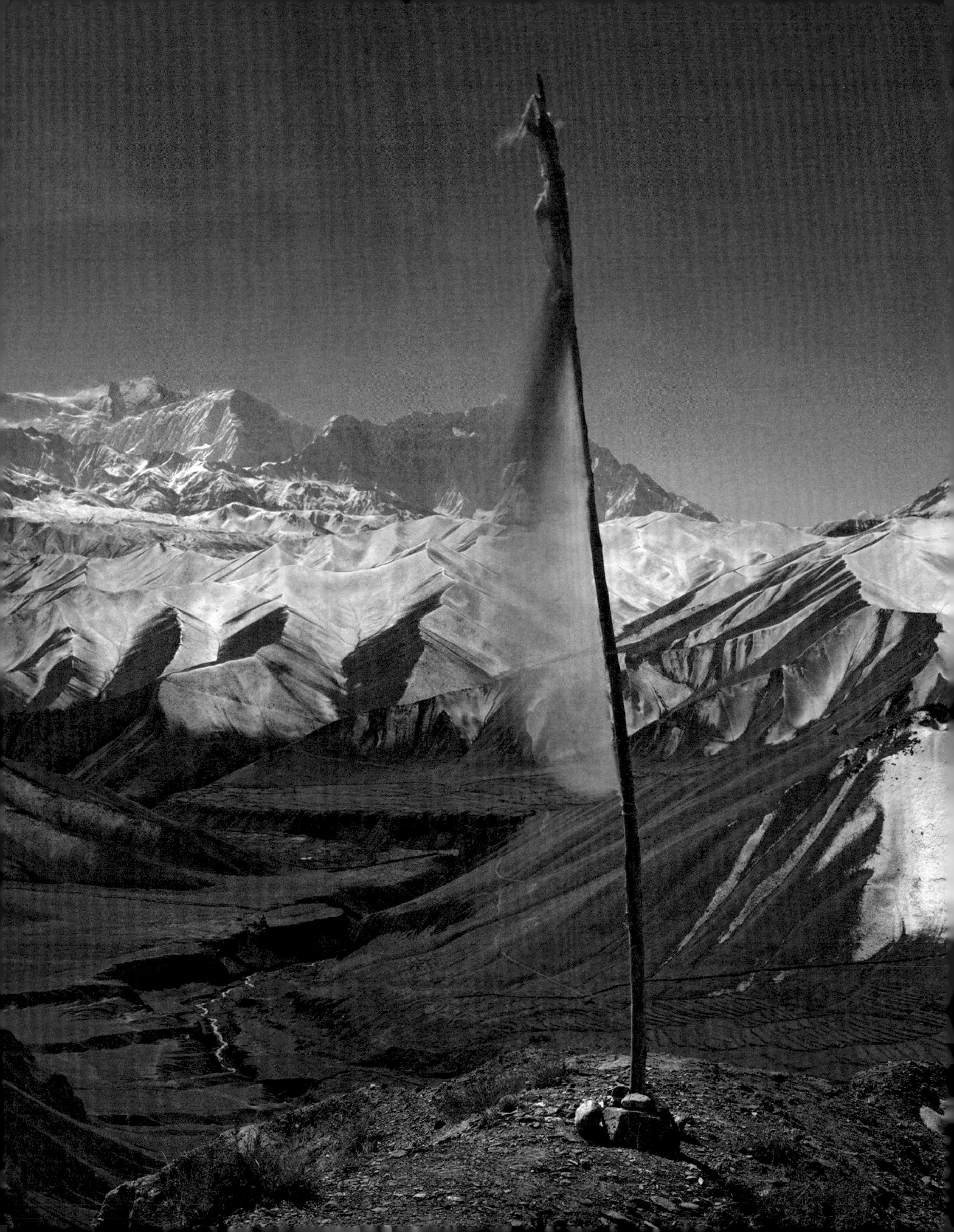

SOMMARIO
CONTENTS

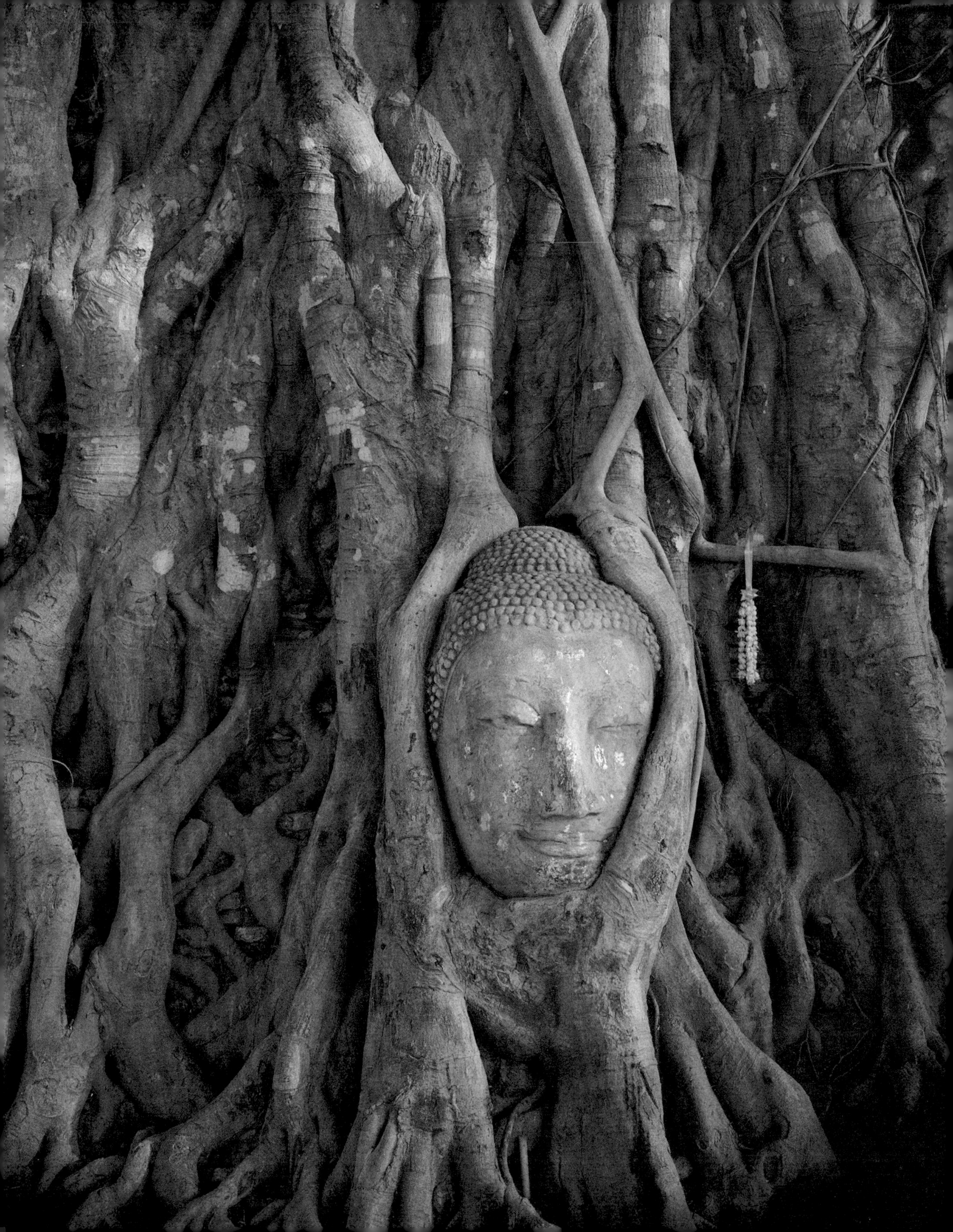

OPERE PREZIOSE
DI UN FOTOGRAFO GENEROSO
PRECIOUS WORKS BY
A GENEROUS PHOTOGRAPHER

Filippo Maggia

Kenro Izu (Osaka 1949, vive e lavora a Kanazawa) è un fotografo giapponese celebre per la ricercatezza e la raffinatezza delle sue immagini, perseguite sia in fase di ripresa come di stampa, applicate ai soggetti da lui privilegiati negli oltre 50 anni di carriera: still life, nudo e, soprattutto, i luoghi sacri del mondo. Izu si forma presso la Nihon University di Tokyo, un prestigioso ateneo privato dove, a partire dal 1969, frequenta la facoltà di arte specializzandosi in fotografia. Ancor prima di terminare gli studi, nel 1970, si reca negli Stati Uniti d'America dove a distanza di qualche anno aprirà a New York il proprio studio fotografico, inizialmente dedicandosi alla fotografia commerciale e alla riproduzione di gioielli e manufatti artistici.

In quel periodo, Izu coltiva e approfondisce il proposito di visitare le sette meraviglie del mondo antico, ispirandosi ai grandi fotografi viaggiatori della seconda metà dell'Ottocento, come Maxime Du Camp, Samuel Bourne, Francis Frith, Antonio e Felice Beato. Nel 1979 finalmente visita l'Egitto e, giunto di fronte alla piramide di Sakkara - per sua stessa ammissione - avverte l'aura mistica e la travolgente energia emanate da quell'architettura sacra, tanto antica quanto imponente e autorevole. L'emozione del momento diviene presto uno stimolo e sprone per immaginare una ricerca, un percorso che, senza un sistema definito (in ordine temporale l'ul-

The Japanese photographer Kenro Izu (Osaka 1949, lives and works in Kanazawa) is famous for the sophistication and refinement of his images, both in the shooting and printing phases, distinguishable in the subjects he has favored in over 50 years of career: still life, nudes and, above all, the sacred places of the world. Izu studied at Nihon University, Tokyo, a prestigious university where from 1969 he attended the faculty of art specializing in photography. Even before completing his studies, in 1970, he went to the United States of America, where a few years later he opened his own photography studio in New York, initially dedicating himself to commercial photography, reproduction of jewelry and artistic artifacts.

During that period, Izu cultivated and deepened the intention of visiting the seven wonders of the ancient world, drawing inspiration from the great traveling photographers of the second half of the nineteenth century: Maxime Du Camp, Samuel Bourne, Francis Frith, Antonio and Felice Beato among others. In 1979 he finally traveled to Egypt. By his own admission, arriving in front of the pyramid of Sakkara he felt the mystical aura and the overwhelming energy emanating from that sacred architecture, as ancient as it was imposing and authoritative. The emotion of the moment soon became a stimulus and spur to imagine a search,

timo lungo soggiorno, e conseguente indagine fotografica nella regione di Fuzhou in Cina, è di pochi anni fa), lo porterà a visitare nei decenni successivi luoghi sacri e di culto in tutto il globo terrestre.

L'approccio di Izu è altro dalla semplice e mera rappresentazione di un'architettura sacra e del contesto ambientale in cui questa è collocata, implica un processo di approfondimento e apprendimento che di volta in volta differisce a seconda del luogo e della cultura che il fotografo giapponese intende esplorare. Storia, tradizioni e credenze, ritualità e conoscenza delle religioni e delle culture che differiscono dal Tibet al Perù come dall'Isola di Pasqua ad Angkor permettono al fotografo viaggiatore di entrare in simbiosi con i luoghi sacri, potendo così interpretare e restituire attraverso la fotocamera la sintesi di questa relazione "unica e speciale" in forma di lastra impressa. Un'esperienza vissuta, colma di meditazione e contemplazione, di un tempo che solo la fotografia può concedere all'artista. Avvertire l'energia di un luogo, ribadisce Izu, è un evento eccezionale: "come se il sacro spirito mi guidasse attraverso i luoghi per cogliere più a fondo l'essenza della spiritualità"[1].

I silenziosi dolmen di Stonehenge, la maestosa piramide di Giza, il magnifico Palazzo del Potala di Lhasa, le enigmatiche statue dell'Isola di Pasqua, le ripide piramidi Maya in Messico, l'incredibile Golden Rock di Burma, la misteriosa cittadella di Machu Picchu nella selva peruviana, i vivaci e colorati templi indù del Tamil Nadu in India, i monasteri incontaminati del Bhutan, il Monte Kailash che splendente e diamantino appare al fondo di una valle himalayana, così come deve sembrare alle migliaia di pellegrini che a piedi ne percorrono il periplo per purificare la propria anima: in questi e in molti altri luoghi sacri, per oltre 40 anni, Izu si è recato, sovente da solo, con il banco ottico appositamente costruito per negativi 14x20 pollici, alle volte addirittura costretto a ritornarvi per avverse condizioni atmosferiche, ma

a path that, without a defined system (in chronological order the last long stay, and consequent photographic investigation, in the region of Fuzhou in China was a few years ago), would lead him to visit sacred and cult places throughout the globe in the following decades.

Izu's approach goes beyond the simple and mere representation of a sacred architecture and the environmental context in which it is located. It implies an ever different process of study and learning, depending on the place and culture that the Japanese photographer wants to explore. History, traditions and beliefs, ritualism and knowledge of religions and cultures that differ from Tibet to Peru as from Easter Island to Angkor allow the traveler photographer to enter into symbiosis with sacred places, thus being able to interpret and render through the camera the synthesis of this "unique and special" relationship as an impressed plate. A lived experience, full of meditation and contemplation, of a time that only photography can grant the artist. Feeling the energy of a place, Izu reiterates, is an exceptional event: "as if the sacred spirit guided me through the places to grasp more deeply the essence of spirituality".[1]

The silent dolmens of Stonehenge, Giza majestic pyramid, the magnificent Potala Palace in Lhasa, the enigmatic statues on Easter Island, the steep Mayan pyramids in Mexico, the incredible Golden Rock of Burma, the mysterious citadel of Machu Picchu in the Peruvian jungle, the lively and colorful Hindu temples of Tamil Nadu in India, the pristine monasteries of Bhutan, Mount Kailash that appears shining like the purest diamond at the bottom of a Himalayan valley, just as it must appear to the thousands of pilgrims who walk around it to purify their souls: for over 40 years, Izu has gone to these and many other sacred places, often alone, with the optical bench specially built for 14x20 inch negatives, sometimes even forced to return due to adverse weather conditions, but always, as he himself recalls, to get the answers to the many questions that the religious silence full of mysticism arouses in the traveler: "once, in Angkor, I started wondering about my own existence".[2] The large format allows him to obtain images that are deep and rich in minute details and, at the same time, to evoke the spirituality of the places, as if evaporating from his platinum-printed photographs.

Over the years, Izu has combined his travels with some more specific projects: this is the case of the series dedicated to the masks of the Japanese Noh theater; the long stay in Bhutan where, in addition to monasteries, he portrayed monks, traditional masks worn and interiors of houses, musicians, adolescents, ordinary people and landscapes; the India of ascetics and pilgrims; the aforementioned "Forgotten Land" of Fuzhou, with its desolate and wild landscapes and ghost villages; and finally Pompeii, where he could photograph the interiors and exteriors of the archaeological site thanks to a special permit, even repositioning the casts (copies) in the houses, restoring life to a city whose existence had been forever erased in a fragment of time.

Such an evident and necessary propensity towards what lies behind the sacred mystery of places of worship and retreat and prayer, the constant search for a possible link between oneself and spirituality, the natural predisposition to indulge in the experience of places that one encounters and, sometimes, as Izu recalls, seem to invite him, cannot but outline a sensitive and generous soul, thirsty for knowledge and humble in knowing how to propose himself. Therefore, it should not surprise that 30 years ago Izu wanted to found a non-profit organization to support medical and hospital assistance for children in Southeast Asia,[3] and that he has dedicated endless energy to this mission and donated many of the profits deriving from his artistic activity. A refined, elegant, cultured photographer, as well as a kind philanthropist.

sempre, come lui stesso ricorda, per avere delle risposte ai tanti interrogativi che il religioso silenzio carico di misticismo suscita nel viaggiatore: "Una volta, ad Angkor, iniziai a interrogarmi sulla mia stessa esistenza"[2]. Il grande formato gli permette di ottenere immagini scavate e ricche di dettagli minimi e, al tempo stesso, di evocare, come se evaporasse dalle sue fotografie stampate al platino, la spiritualità dei luoghi.

Nel corso degli anni Izu ha affiancato ai viaggi alcuni progetti più specifici: la serie dedicata alle maschere del teatro giapponese Noh; la lunga residenza in Bhutan dove oltre ai monasteri ha ritratto monaci, maschere tradizionali indossate e interni di case, musicisti, adolescenti, gente comune e paesaggi; l'India degli asceti e dei pellegrini; la già citata "Terra dimenticata" di Fuzhou, con i suoi paesaggi desolati e inselvatichiti e i villaggi fantasma; e infine Pompei, dove grazie a un permesso speciale ha potuto fotografare interni ed esterni del sito archeologico addirittura riposizionando i calchi (copie) nelle abitazioni, restituendo la vita a una città la cui esistenza venne per sempre cancellata in un frammento di tempo.

Una propensione tanto evidente e necessaria verso ciò che si cela dietro al sacro mistero di luoghi di culto e di ritiro e preghiera, la costante ricerca di una possibile corrispondenza tra se stessi e la spiritualità, la naturale predisposizione a concedersi all'esperienza dei luoghi che s'incontrano e, talvolta, come Izu ricorda, sembrano invitarlo non possono che delineare un animo sensibile e generoso, assetato di conoscenza e umile nel sapersi proporre. Non deve stupire, dunque, che da 30 anni Izu abbia voluto fondare un'organizzazione no-profit a sostegno dell'assistenza medica e ospedaliera ai bambini del Sud-est asiatico[3]. E che a questa missione abbia dedicato infinita energia e devoluto molti dei profitti derivanti dalla sua attività artistica. Un fotografo raffinato, elegante, colto. E un gentile filantropo.

1   Kenro Izu in conversazione con Claudia Fini, in *Kenro Izu, Territori dello Spirito*, Skira, Milano 2014, p. 22.

2   Kenro Izu, nota biografica, in *Kenro Izu, Territori dello Spirito*, Skira, Milano 2014, p. 113.

3   Dal sito di *Friends Without A Border*: "Kenro Izu visitò per la prima volta la Cambogia nel 1993 per fotografare i templi di Angkor Wat. Durante i suoi viaggi, incontrò spesso bambini malati e malnutriti, molti dei quali privi di braccia e gambe – una terribile eredità del conflitto americano in Vietnam. Dopo aver assistito alla morte di una bambina, semplicemente perché il padre non poteva permettersi 2 dollari per le cure mediche, Kenro decise di agire e restituire qualcosa al paese che aveva ispirato il suo viaggio fotografico. Nel 1996 ha fondato *Friends Without A Border* per costruire l'Angkor Hospital for Children. *Friends Without A Border* (FWAB) è un'organizzazione no-profit con la missione di fornire assistenza medica compassionevole ai bambini del Sud-est asiatico. Dopo anni di pianificazione e raccolta di sostegno da parte di donatori, fotografi e amici in tutto il mondo, *Friends Without A Border* ha aperto l'Angkor Hospital for Children (AHC) nel 1999 a Siem Reap, in Cambogia. Dopo aver affidato l'AHC alla gestione locale, FWAB ha deciso di espandere la sua missione di assistenza ai bambini del Sud-est asiatico in un altro paese: il Laos. L'11 febbraio 2015, FWAB ha inaugurato un nuovo ospedale pediatrico: il Lao Friends Hospital for Children (LFHC), a Luang Prabang. Il giorno dell'inaugurazione, il personale dell'LFHC ha curato 47 bambini nel suo ambulatorio. Nel suo primo anno di attività, l'LFHC ha curato quasi 20.000 bambini."

1   Kenro Izu in conversation with Claudia Fini, in *Kenro Izu, Territori dello Spirito*, Milan: Skira, 2014, p. 22.

2   Kenro Izu, biographical note, in *Kenro Izu, Territori dello Spirito*, Milan: Skira, 2014, p. 113.

3   From *Friends Without A Border* website: "Kenro Izu first visited Cambodia in 1993 to photograph the Angkor Wat temples. During his travels, he often encountered ill and malnourished children, many of whom were missing arms and legs – a terrible legacy of the American conflict in Vietnam. After witnessing the death of a little girl, simply because her father could not afford the \$2 cost of her medicine, Kenro decided to take action and give back to the country that had inspired his photographic journey. In 1996 he founded *Friends Without A Border* to build the Angkor Hospital for Children. *Friends Without A Border* (FWAB) is a non-profit organization with the mission of providing compassionate medical care to children in Southeast Asia. After years of planning and gathering support from donors, photographers and friends around the world, *Friends Without A Border* opened the Angkor Hospital for Children (AHC) in 1999 in Siem Reap, Cambodia. After transferring the AHC administration to local management, FWAB decided to expand its mission of serving the children of Southeast Asia to another country: Laos. On February 11, 2015, FWAB inaugurated a new pediatric hospital: the Lao Friends Hospital for Children (LFHC), in Luang Prabang. On the day of the inauguration, LFHC staff treated 47 children in its outpatient clinic. In its first year of operation, LFHC has treated nearly 20,000 children."

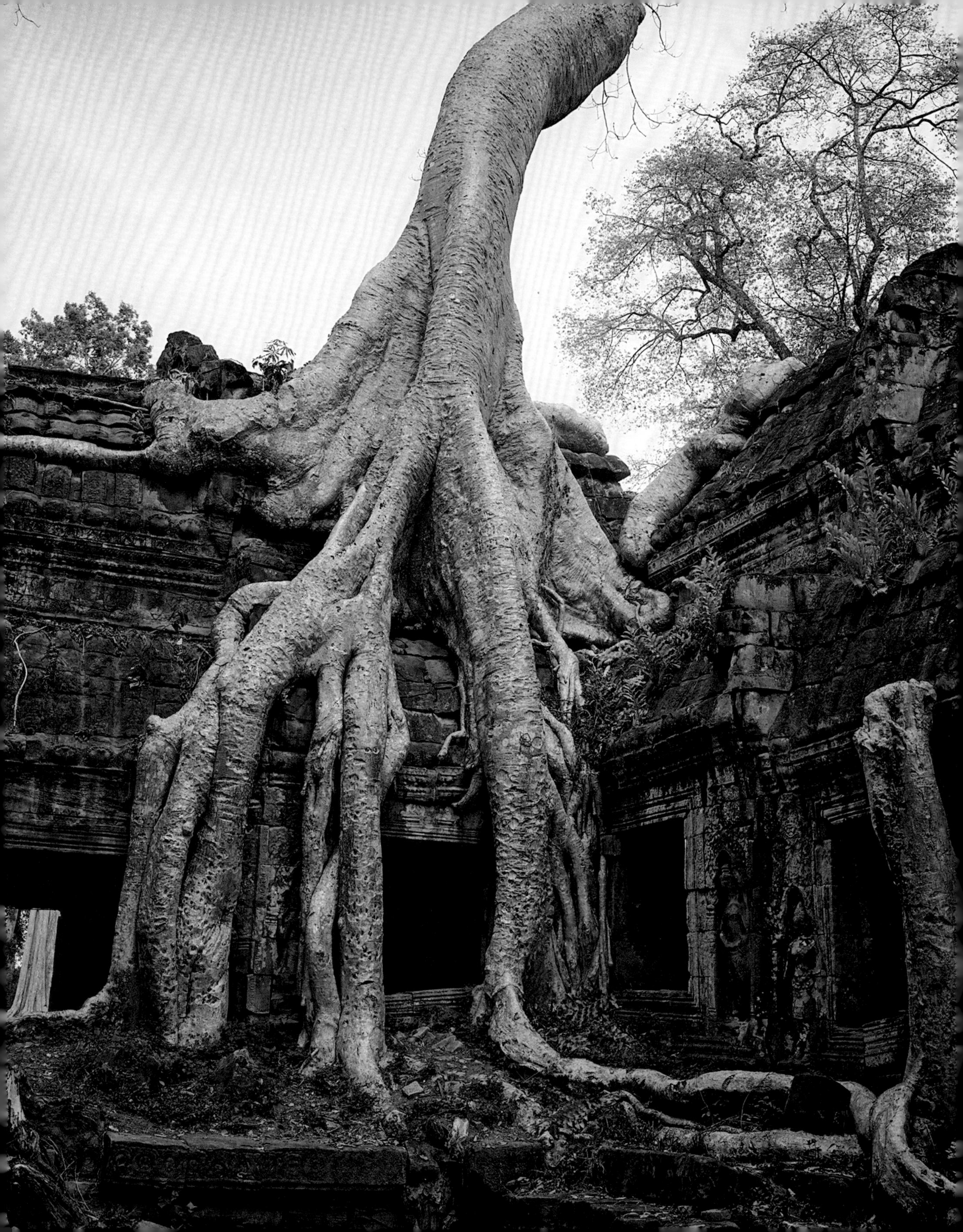

Fotografo i luoghi sacri del mondo dal 1979.
Il tema su cui da sempre si focalizza la mia fotografia è la "bellezza dell'impermanenza".
Colgo la bellezza in un fiore, poiché la sua vita dura appena pochi giorni
e posso vederne i cambiamenti quotidiani.
Persino i monumenti di pietra nei luoghi sacri iniziano a tramutarsi in sabbia dopo
qualche migliaio di anni, per via dell'azione degli elementi naturali – sole, vento e pioggia.
Lo trovo meraviglioso.
La vita degli umani è alquanto breve, e sapendo che l'esistenza ha un limite,
colgo lo splendore della gente entro questo lasso di tempo.
Come se il tempo lucidasse una pietra tramutandola in gioiello. È quello che vedo nelle persone.
Le mie fotografie esposte in questa mostra e un libro rappresentano
un omaggio alla bellezza della vita.

I have been photographing the world's sacred places since 1979.
My lifelong theme in photography is "beauty of impermanence".
I find beauty in a flower, as its life is only several days and I can see
the change every day.
Even the stone monuments of sacred places, after a few thousand years,
start to turn into sands just due to natural elements, sun, wind and rain.
I find it beautiful.
People's life is somewhat short, and knowing there is a limit of life,
I see people shine within the time.
As if the time polish a stone into a jewel. I see the same with people.
My photographs in this show and a book are the homage to a beautiful life.

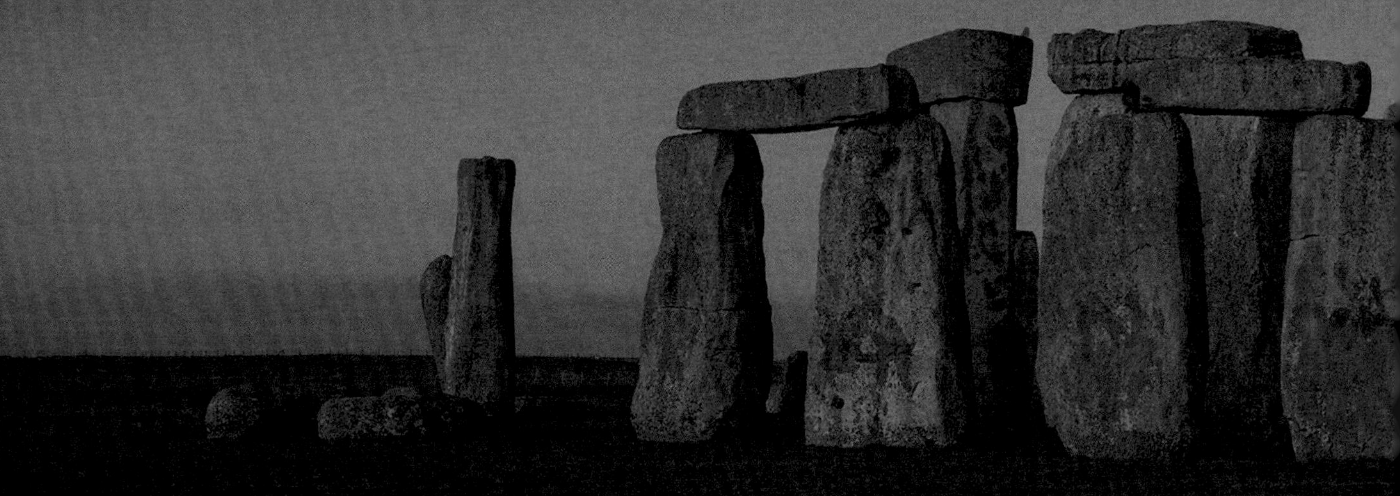

FOTOGRAFIE
PHOTOGRAPHS

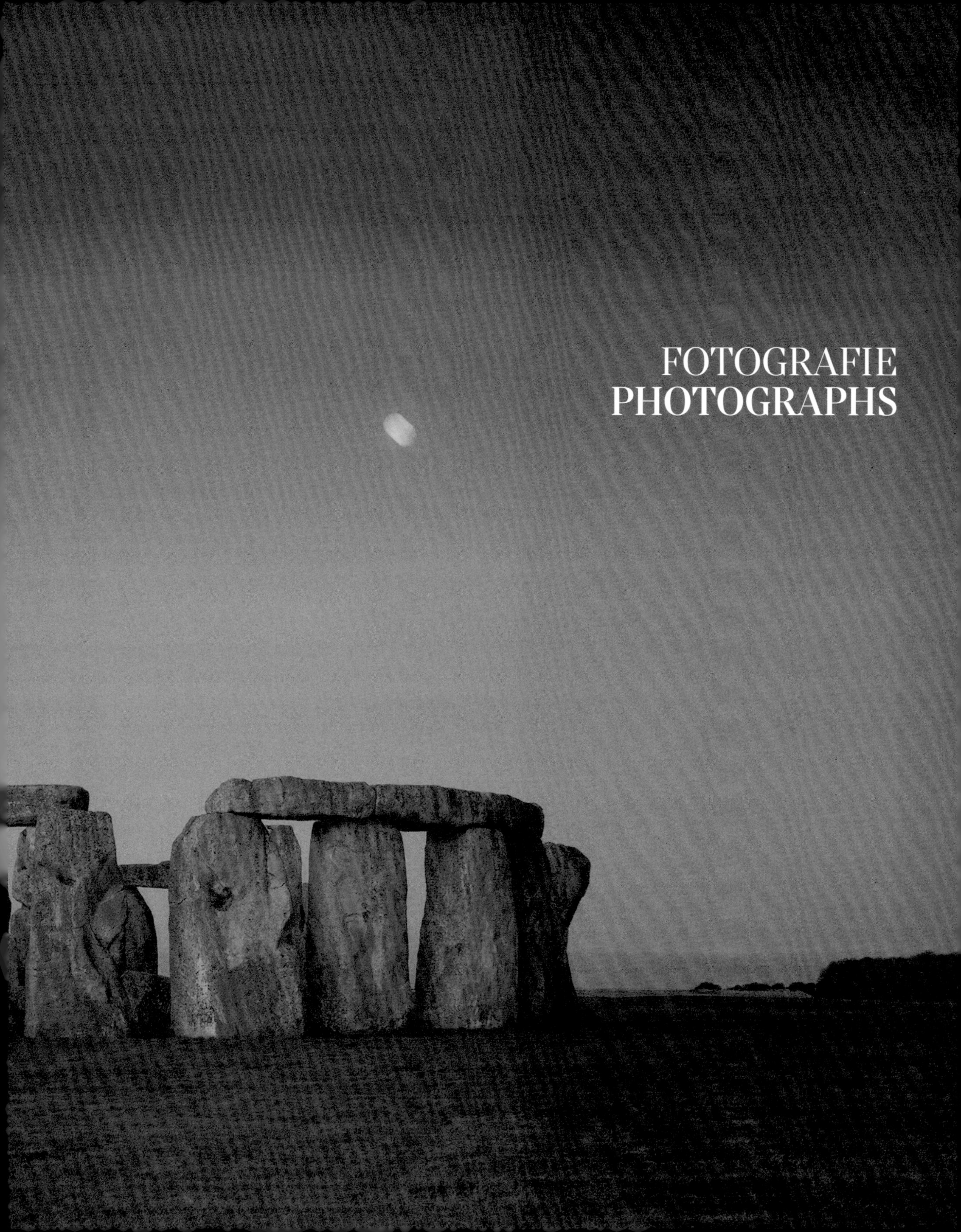

Piramidi di Giza, Egitto
Pyramids of Giza, Egypt
1985

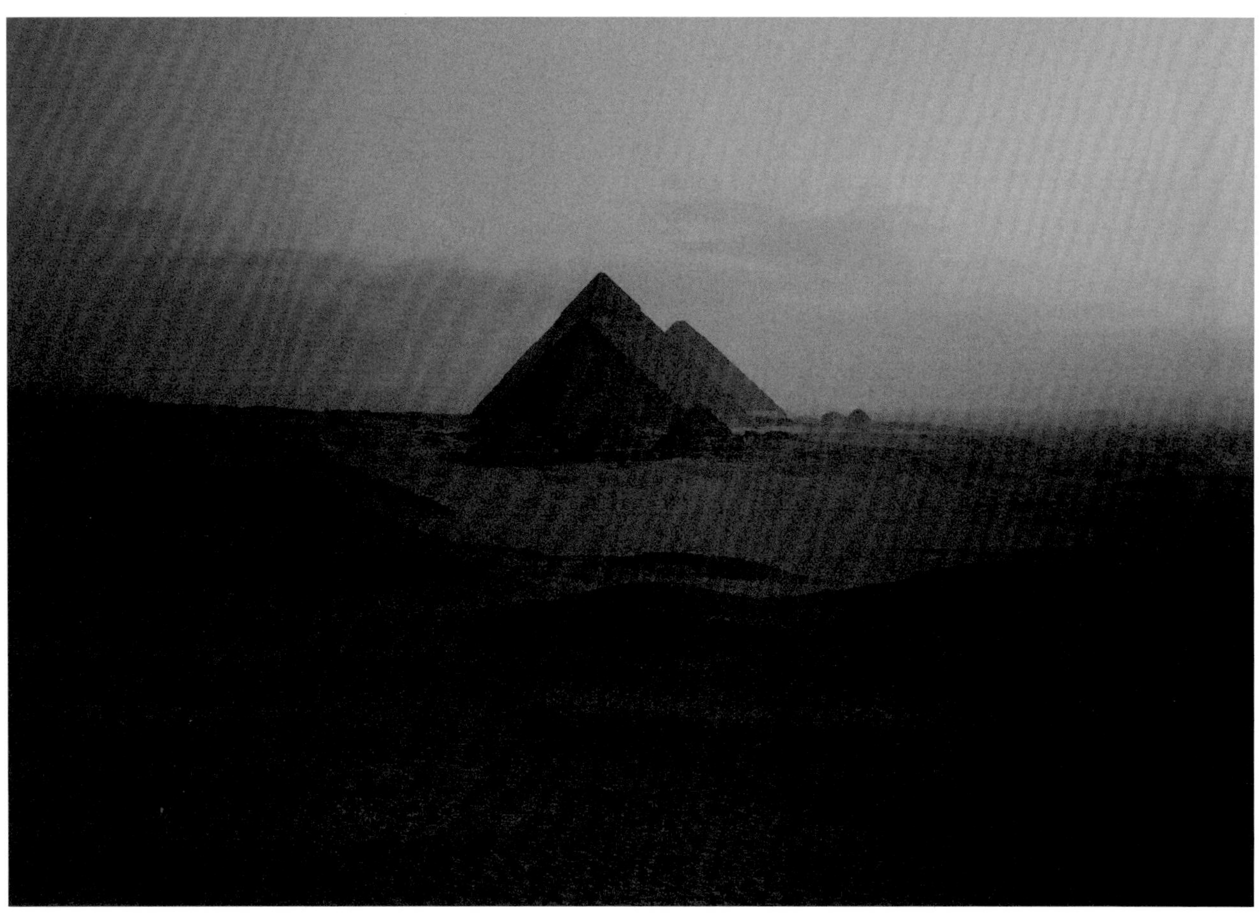

Petra, Giordania
Petra, Jordan
1995

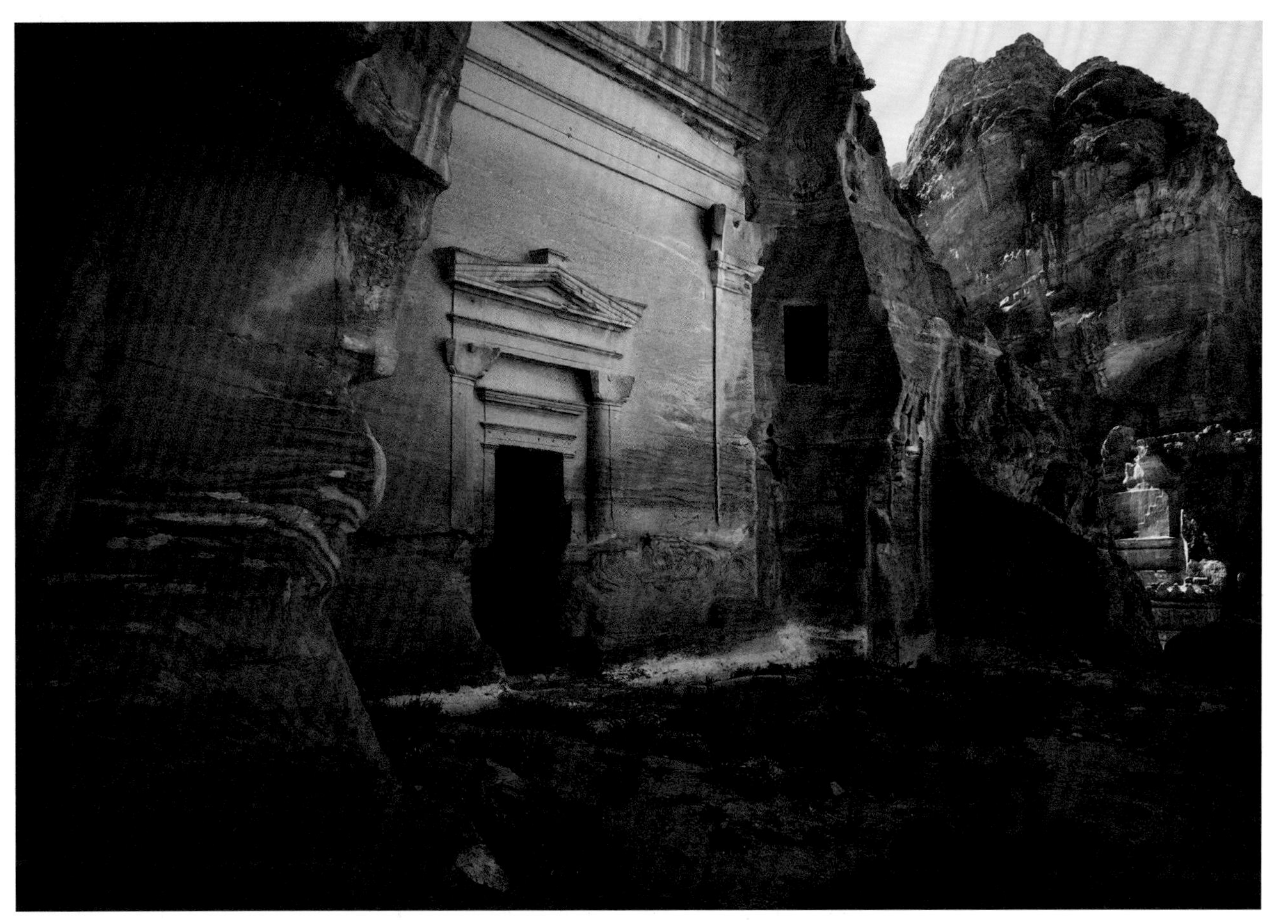

Resti romani, Palmira, Siria
Roman remains, Palmira, Syria
1995

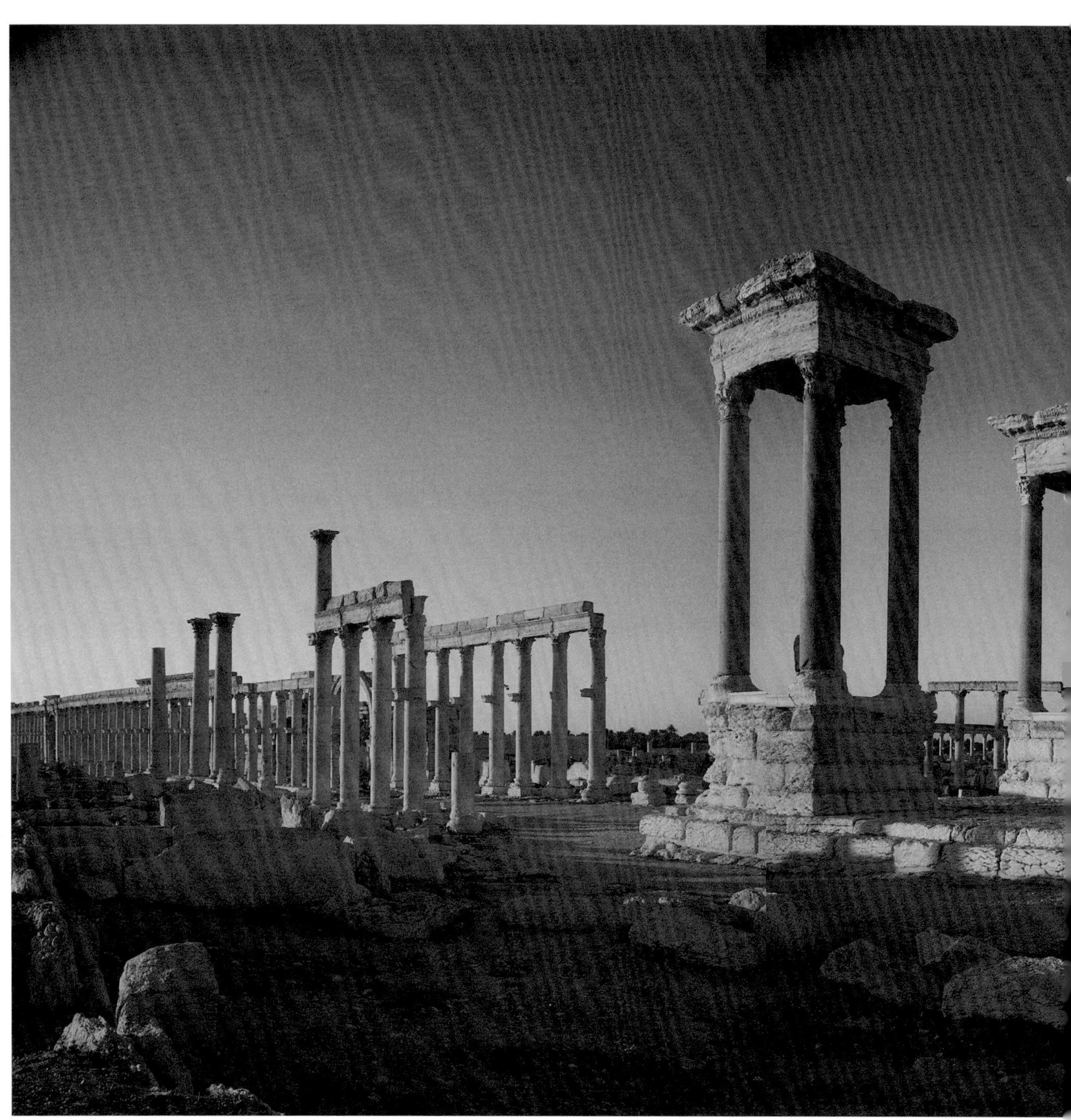

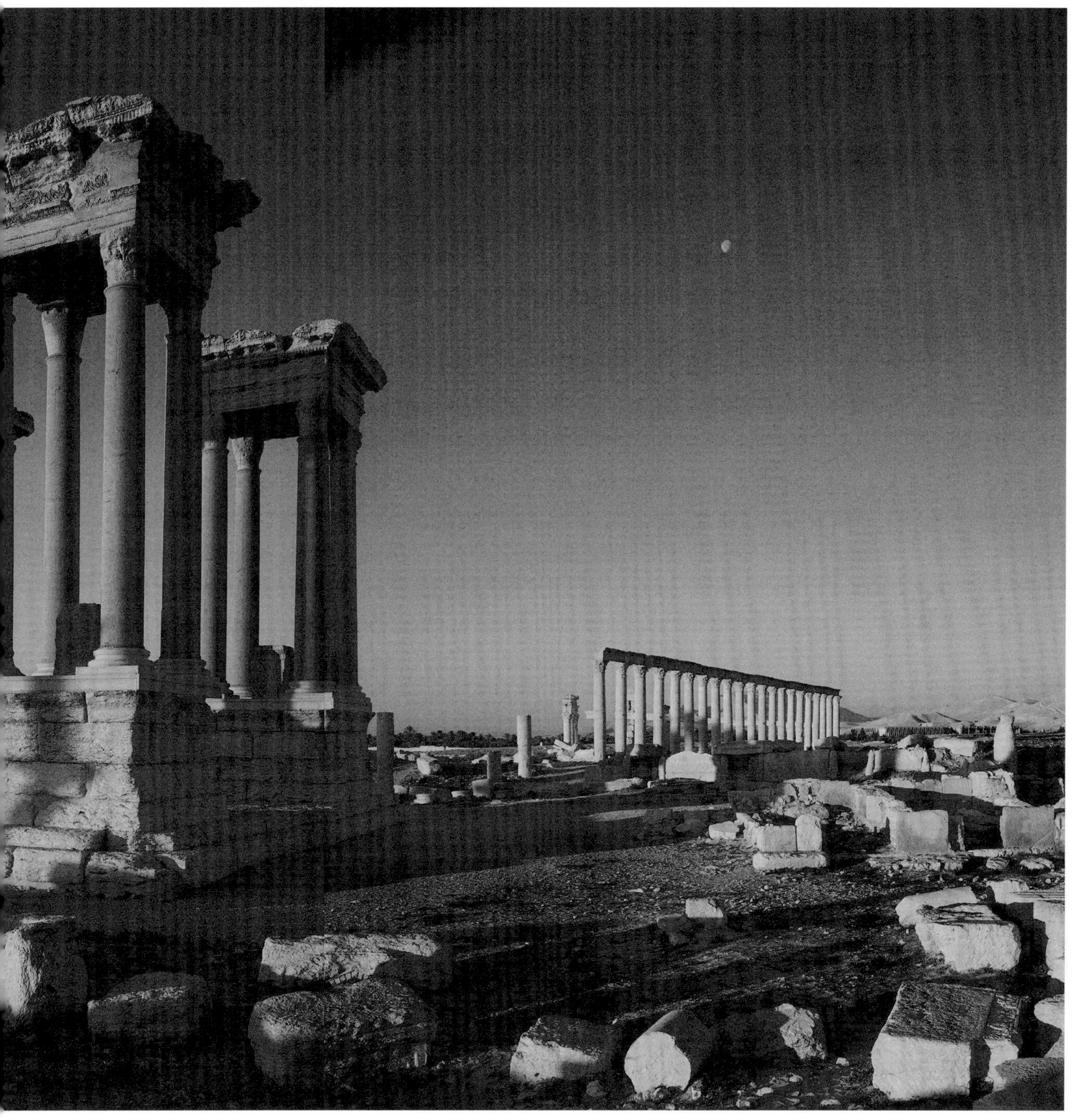

Piramide delle Nicchie, El Tajin, Messico
Pyramid of Niches, El Tajin, Mexico
1987

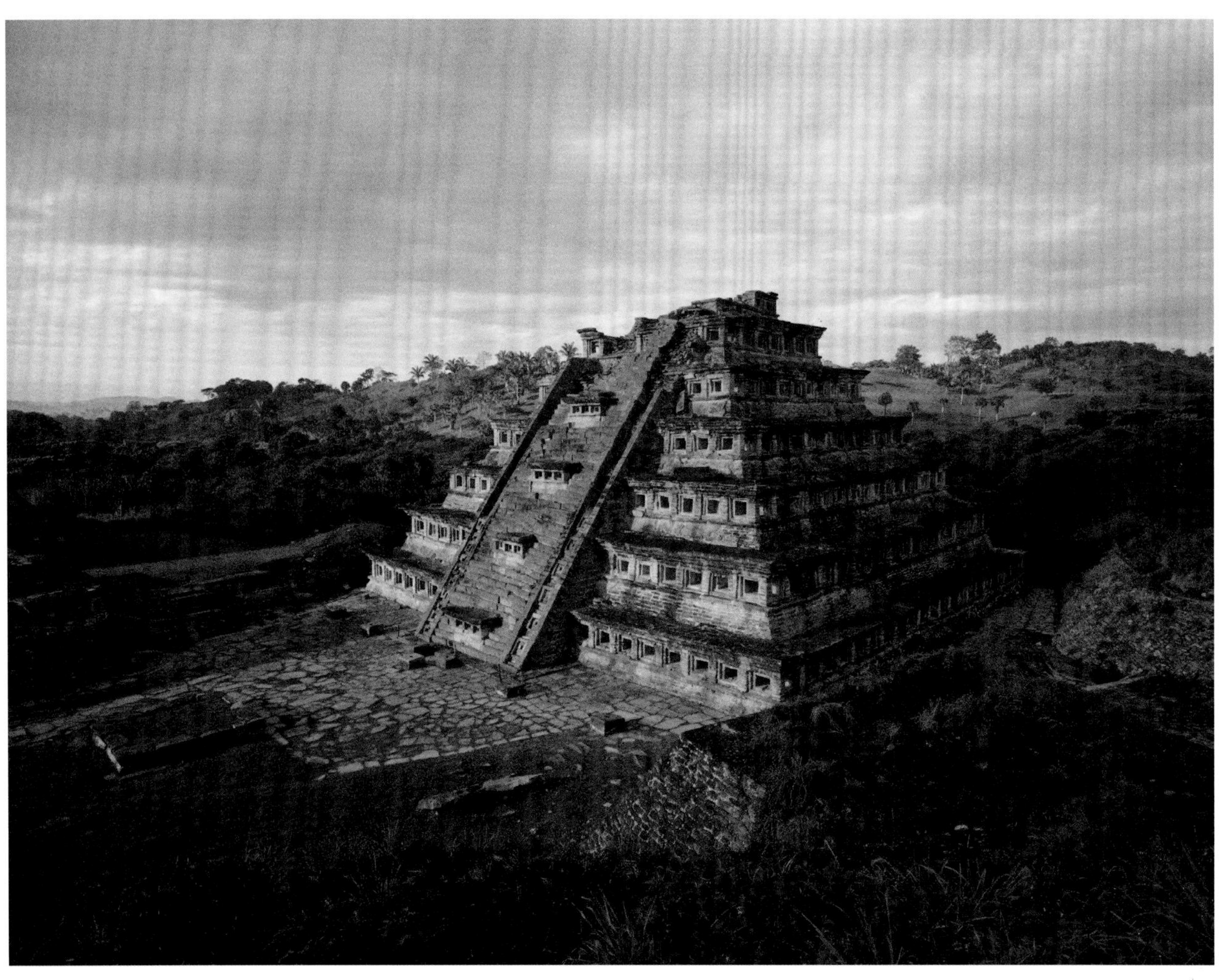

Sorgere della luna a Stonehenge, Amesbury, Inghilterra
Moonrise at Stonehenge, Amesbury, England
1992

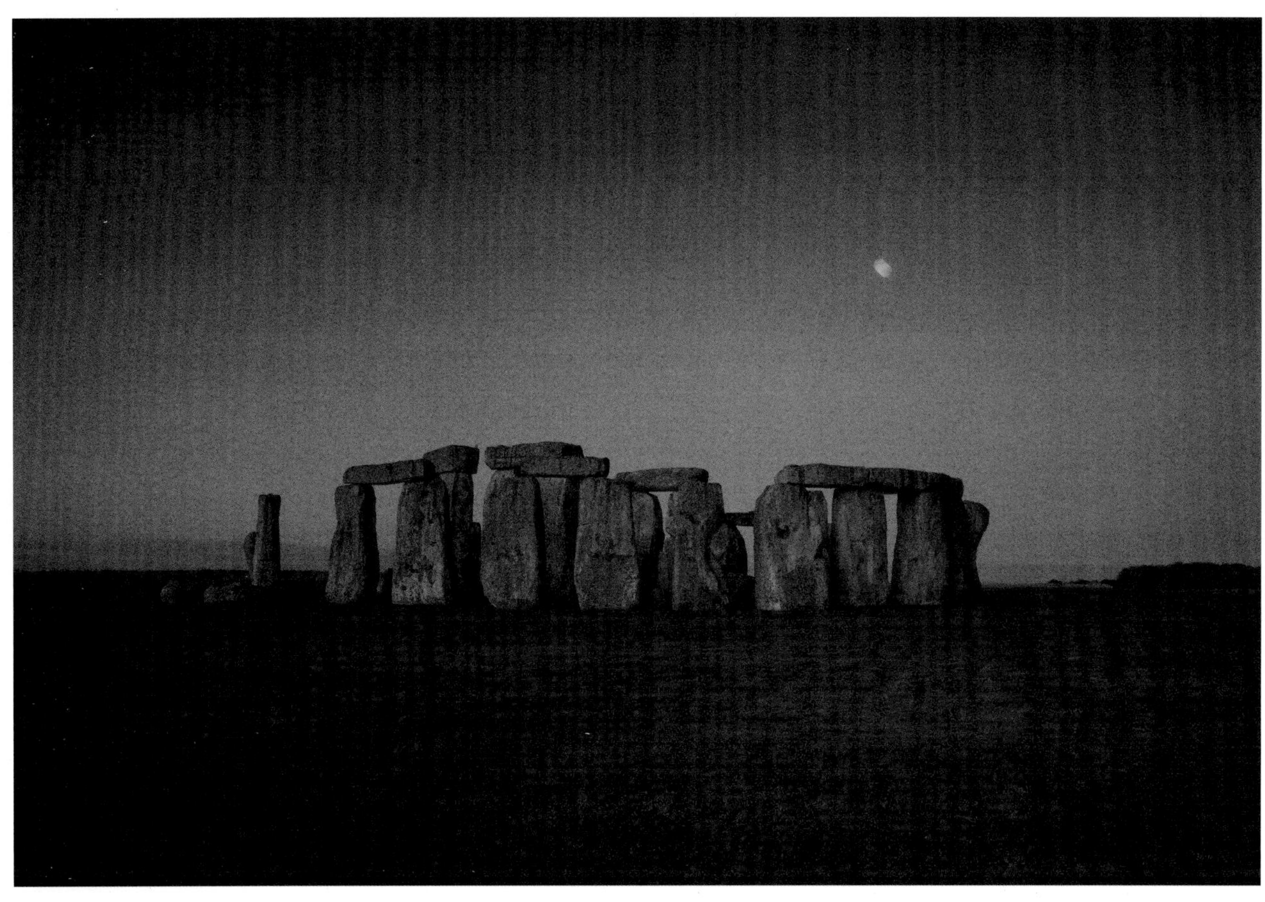

Moai, Isola di Pasqua, Cile
Moai, Easter Island, Chile
1989

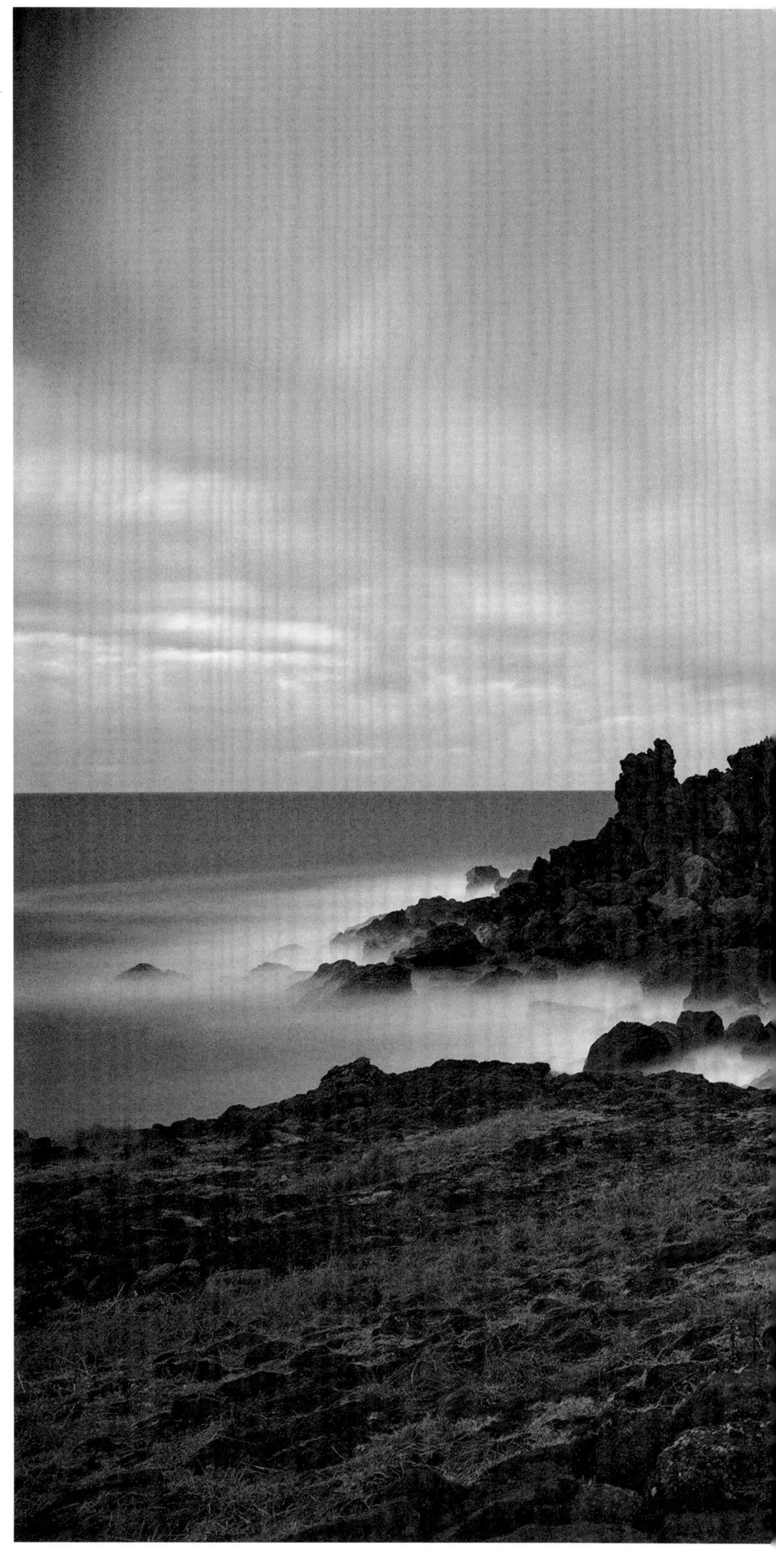

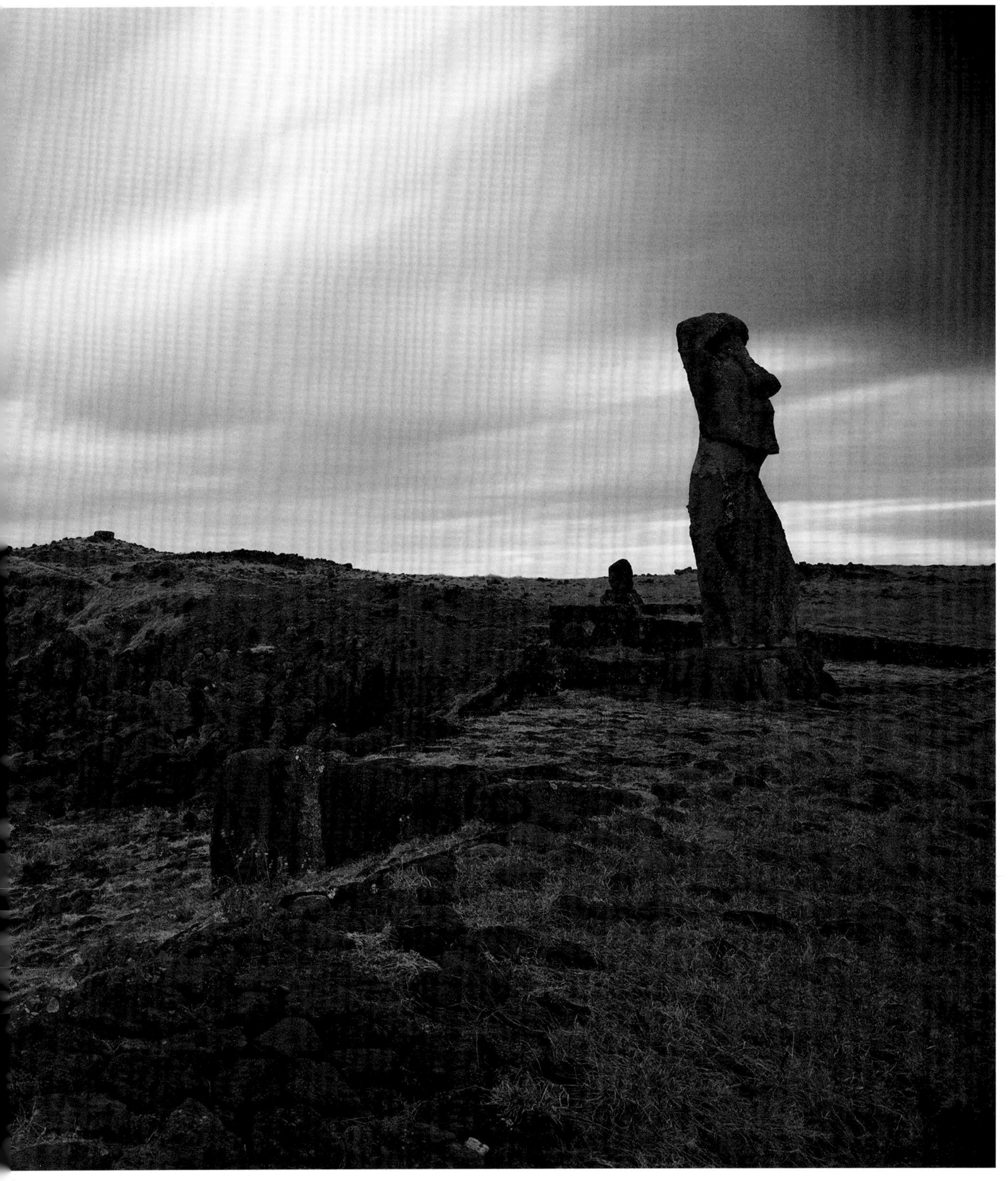

Roccia d'Oro, Kyaiktiyo, Myanmar
Golden Rock, Kyaiktiyo, Myanmar
1994

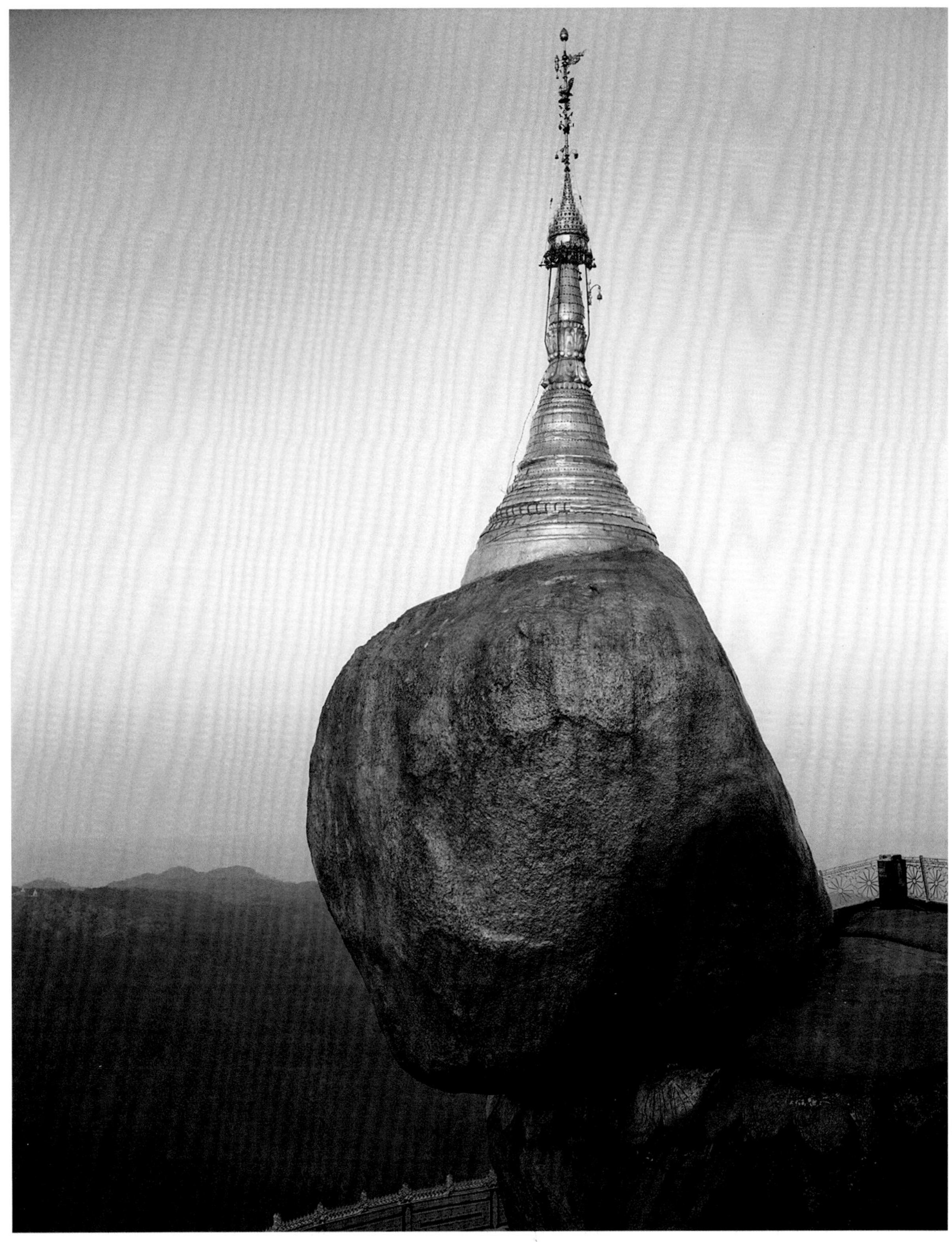

Ta Prohm, Angkor, Cambogia
Ta Prohm, Angkor, Cambodia
1993

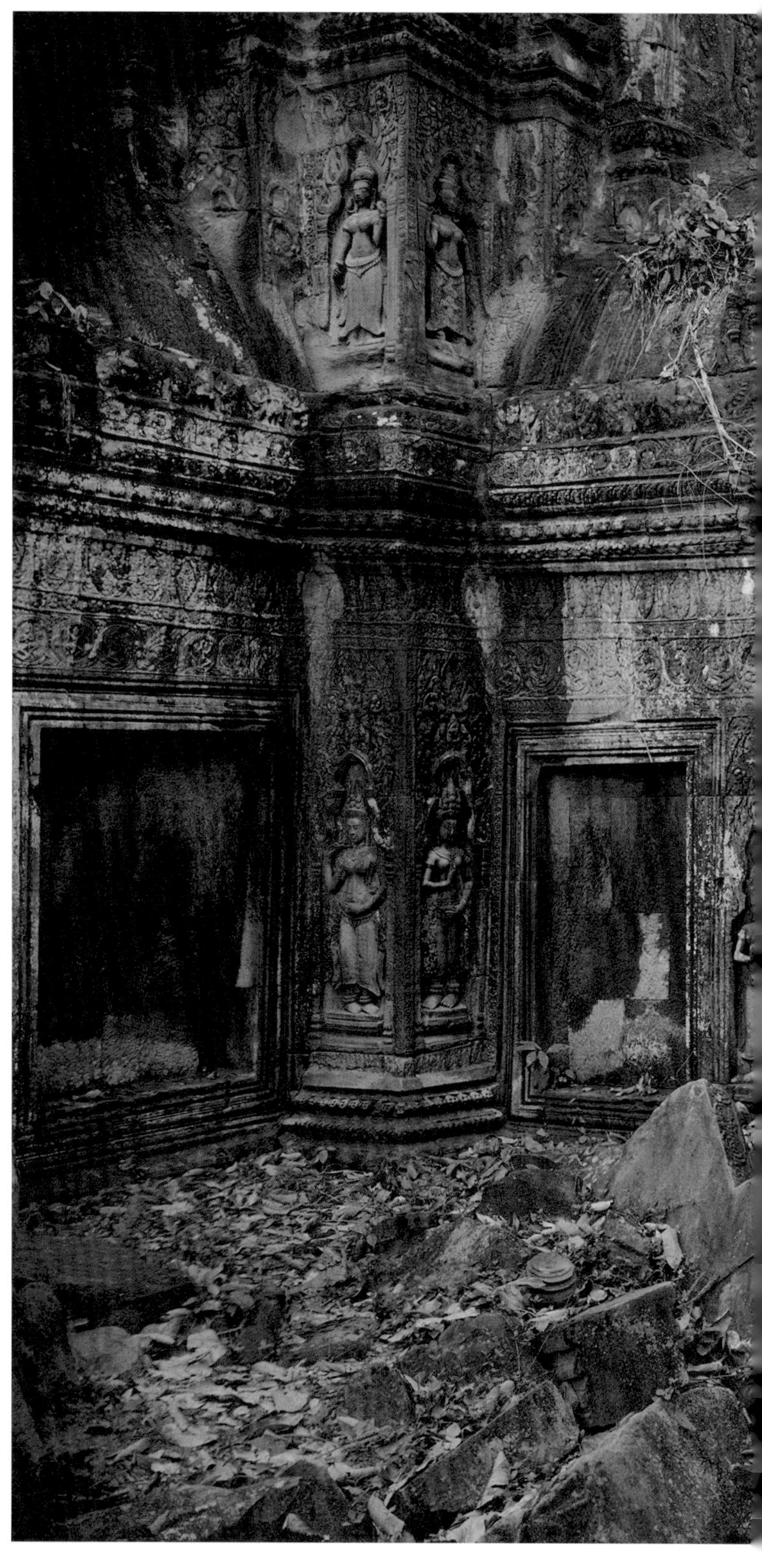

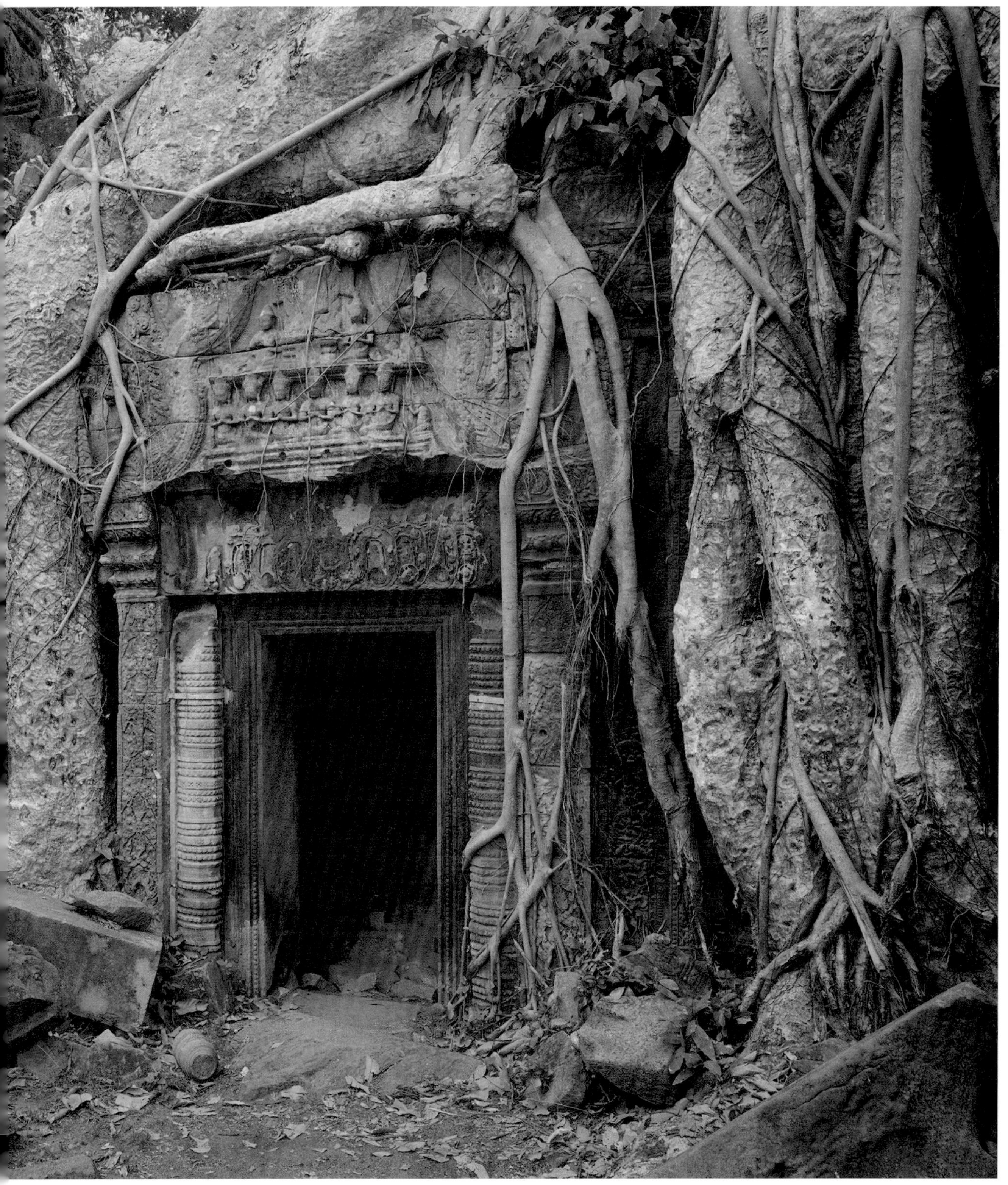

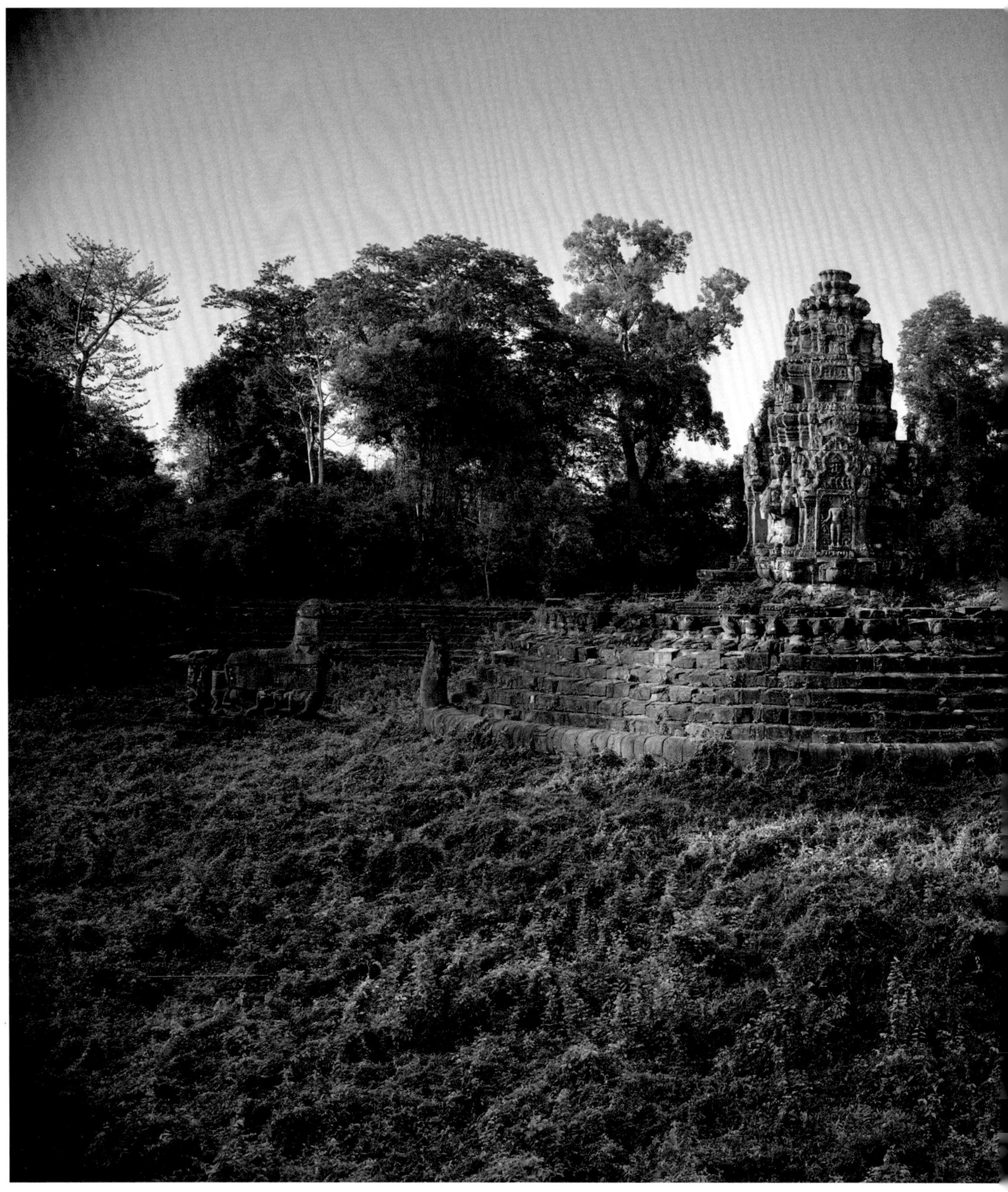

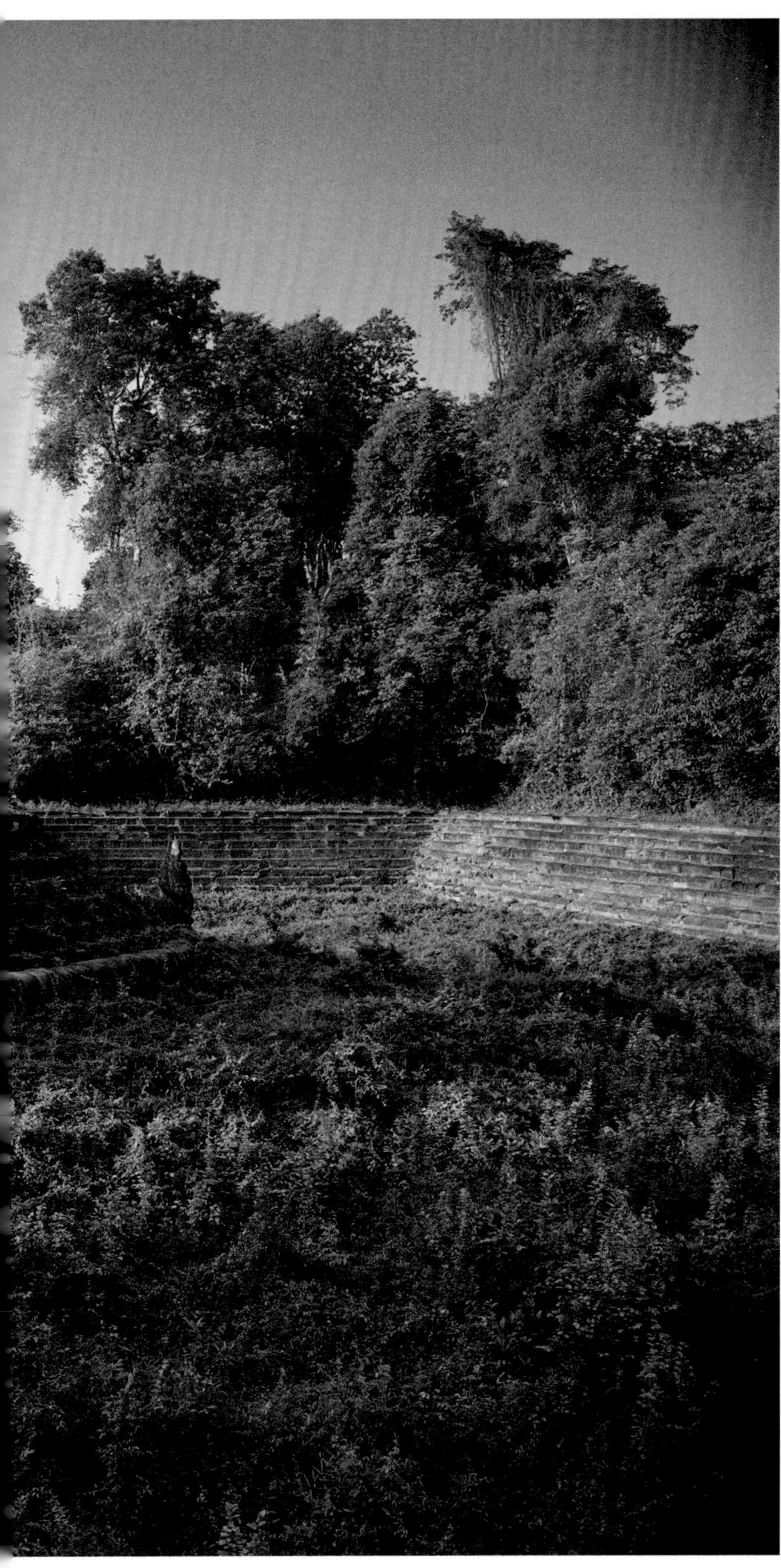

Neak Pean, Angkor, Cambogia
Neak Pean, Angkor, Cambodia
1993

Ta Prohm, Angkor, Cambogia
Ta Prohm, Angkor, Cambodia
1993

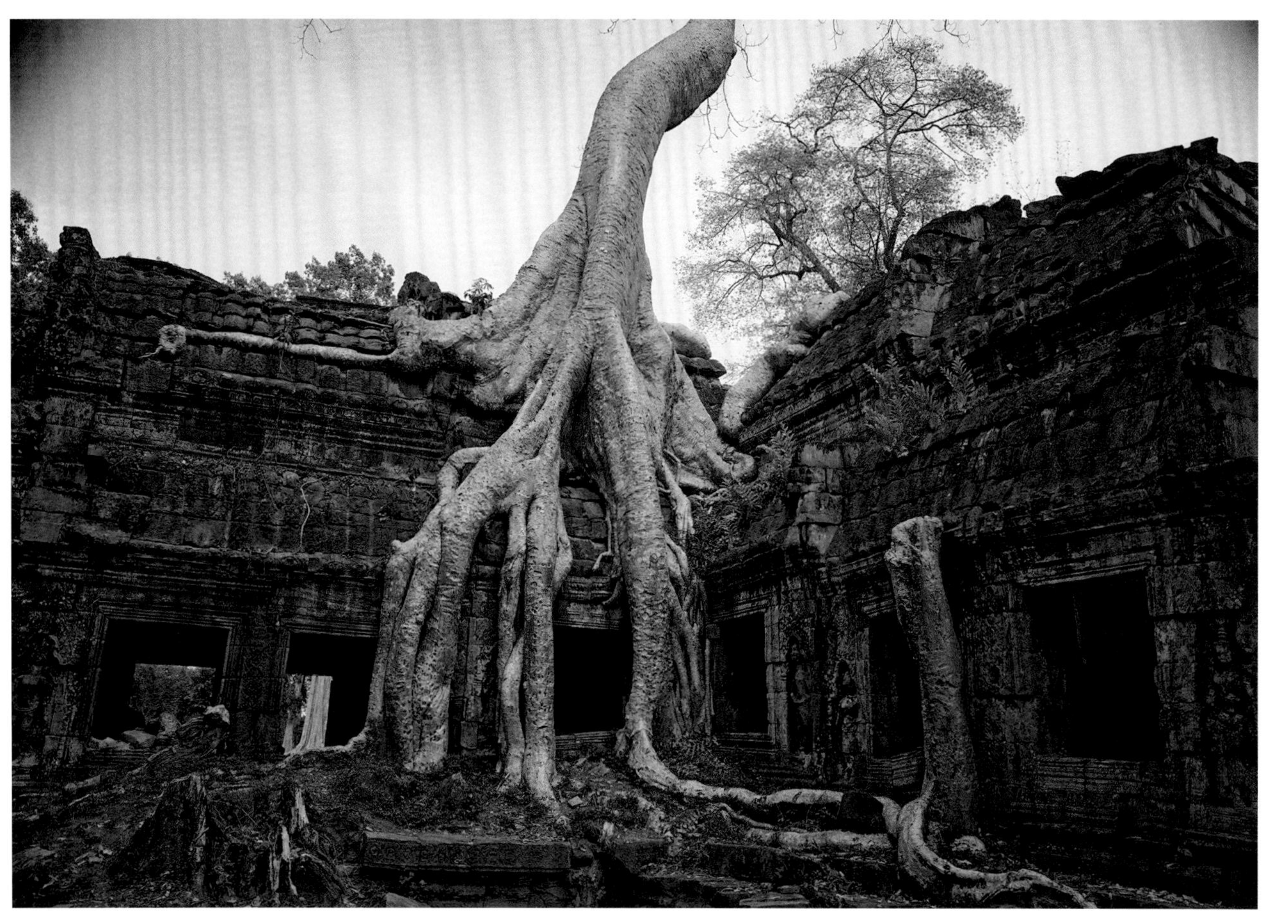

Ta Prohm, Angkor, Cambogia
Ta Prohm, Angkor, Cambodia
1994

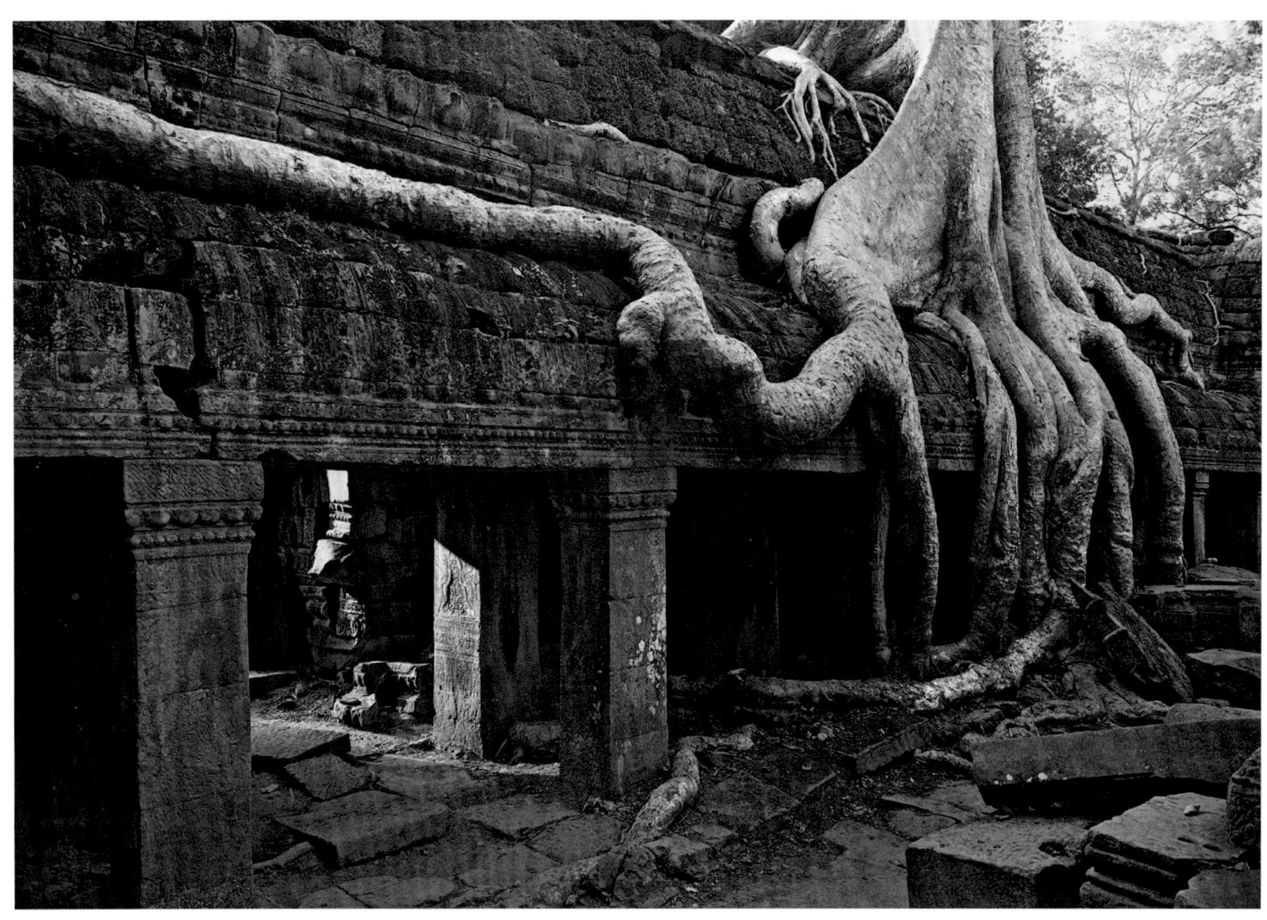

Angkor Wat, Cambogia
Angkor Wat, Cambodia
1993

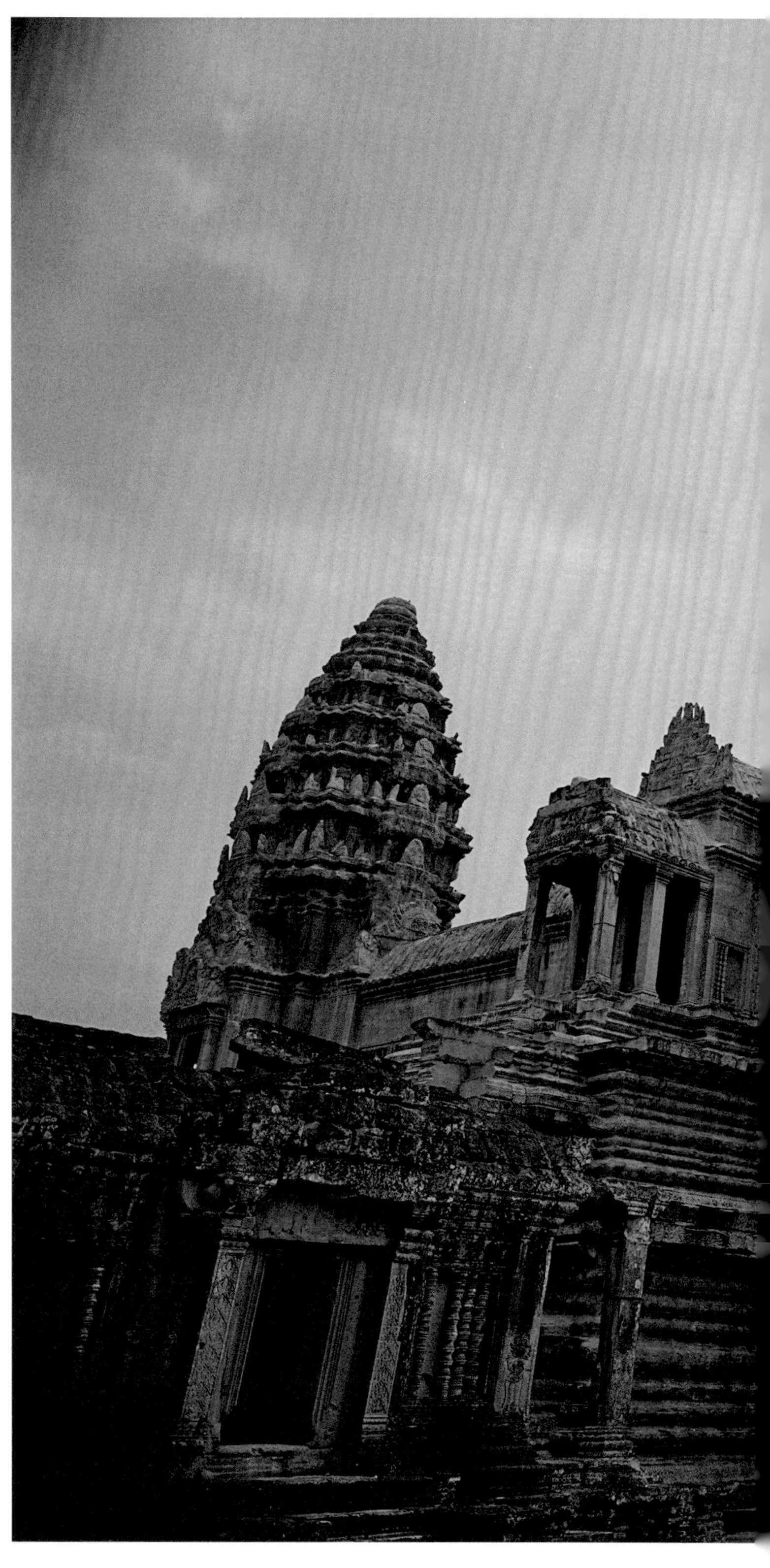

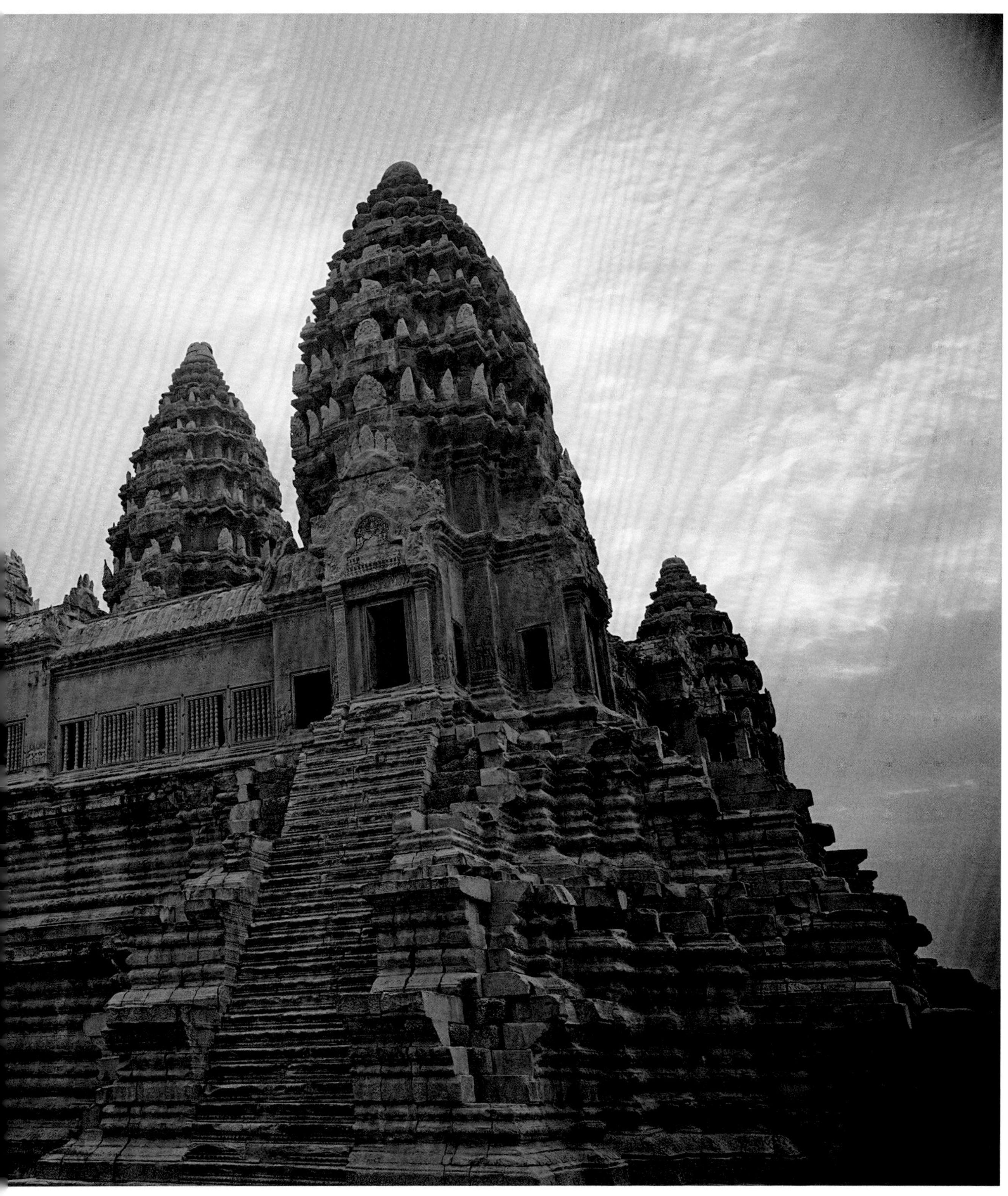

Alba su Bayon, Angkor, Cambogia
Bayon at morning sun, Angkor, Cambodia
1994

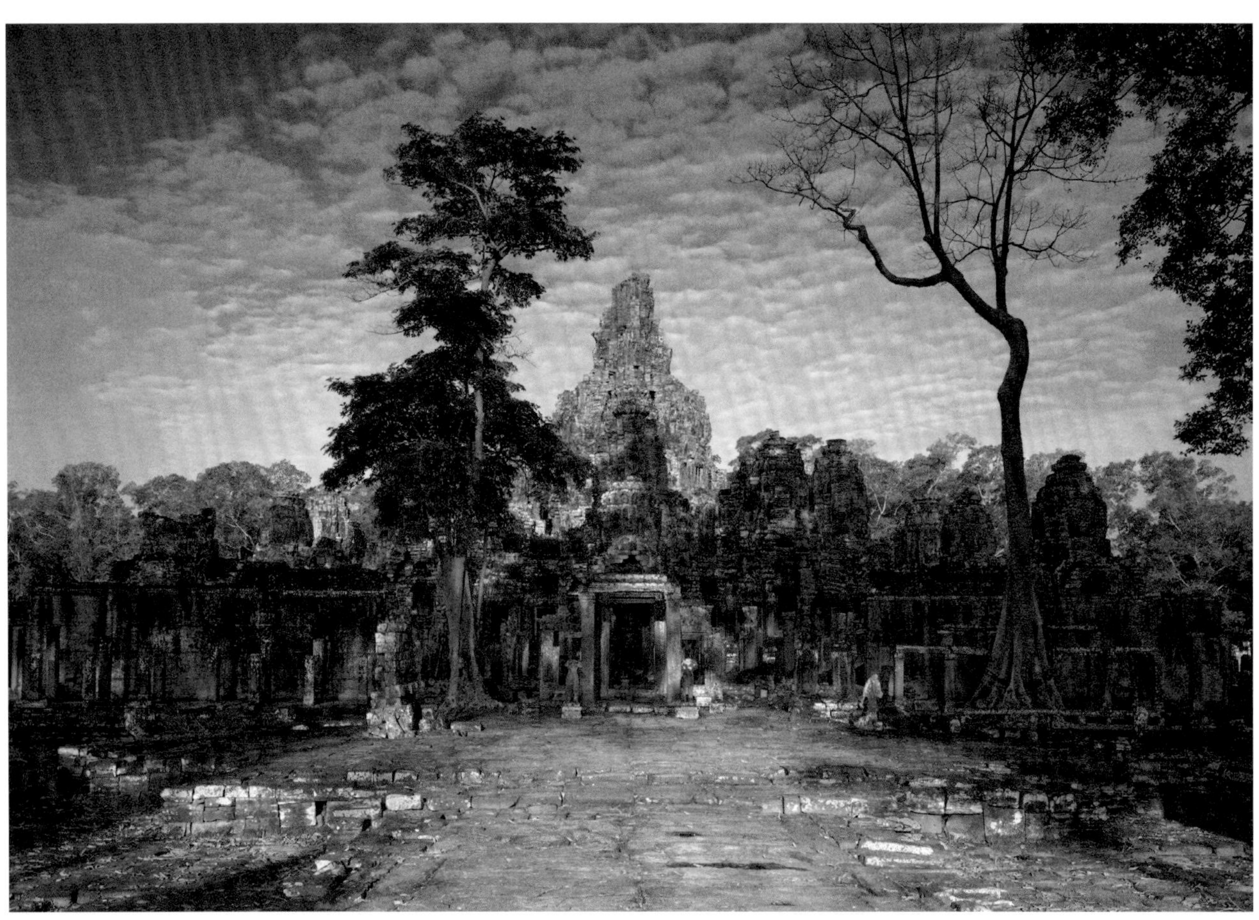

Bayon, Angkor, Cambogia
Bayon, Angkor, Cambodia
1996

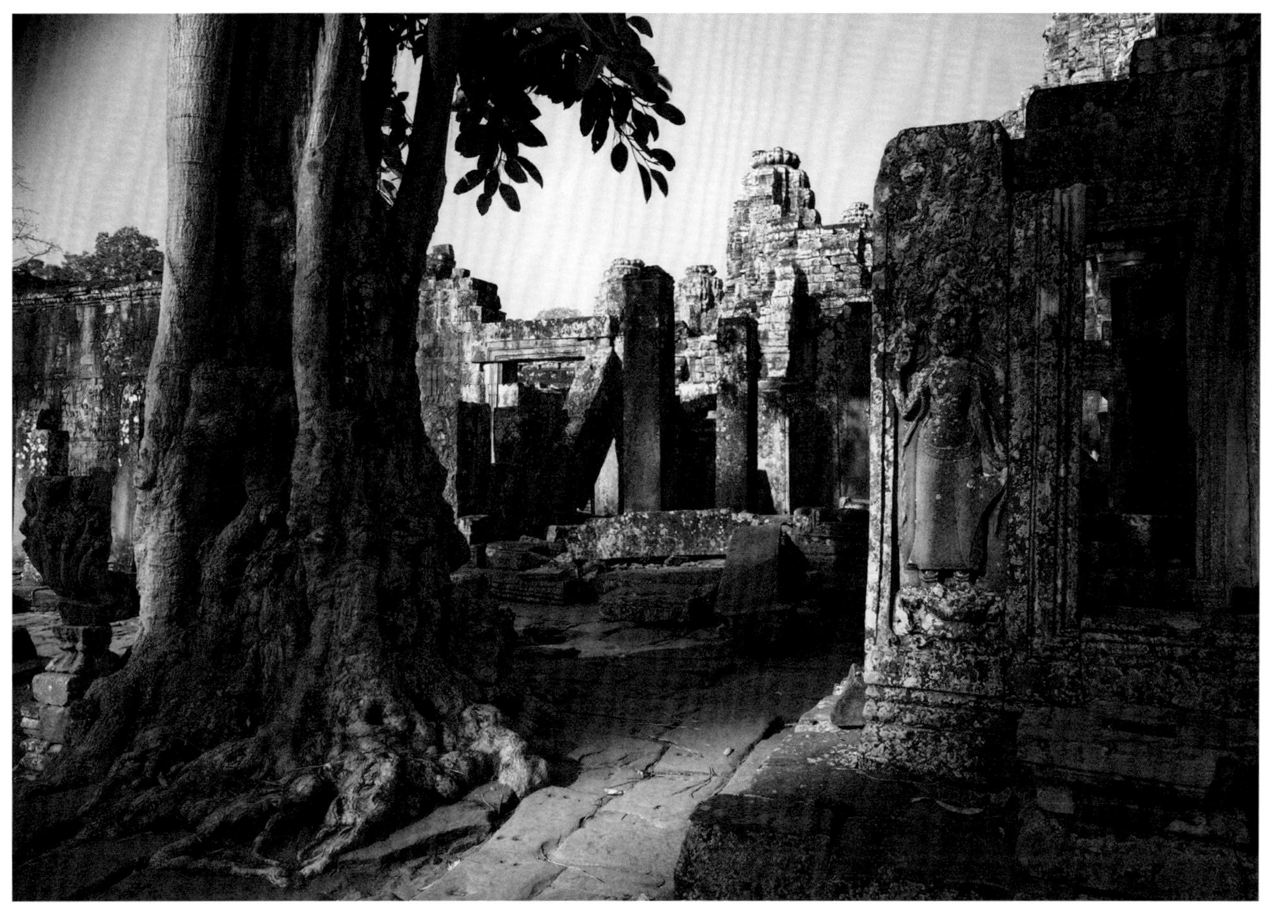

Prambanan, Yogyakarta, Indonesia
Prambanan, Yogyakarta, Indonesia
1996

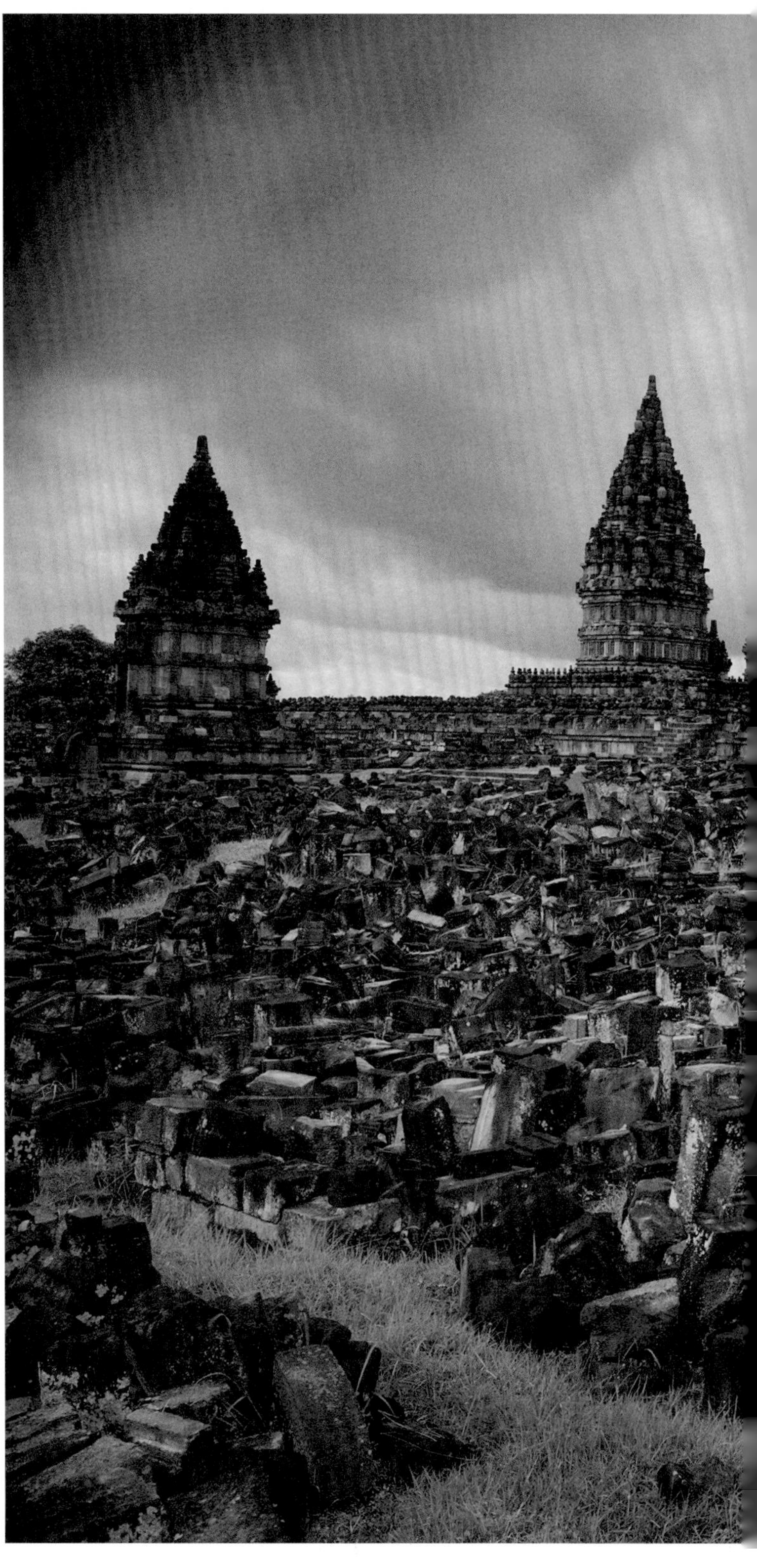

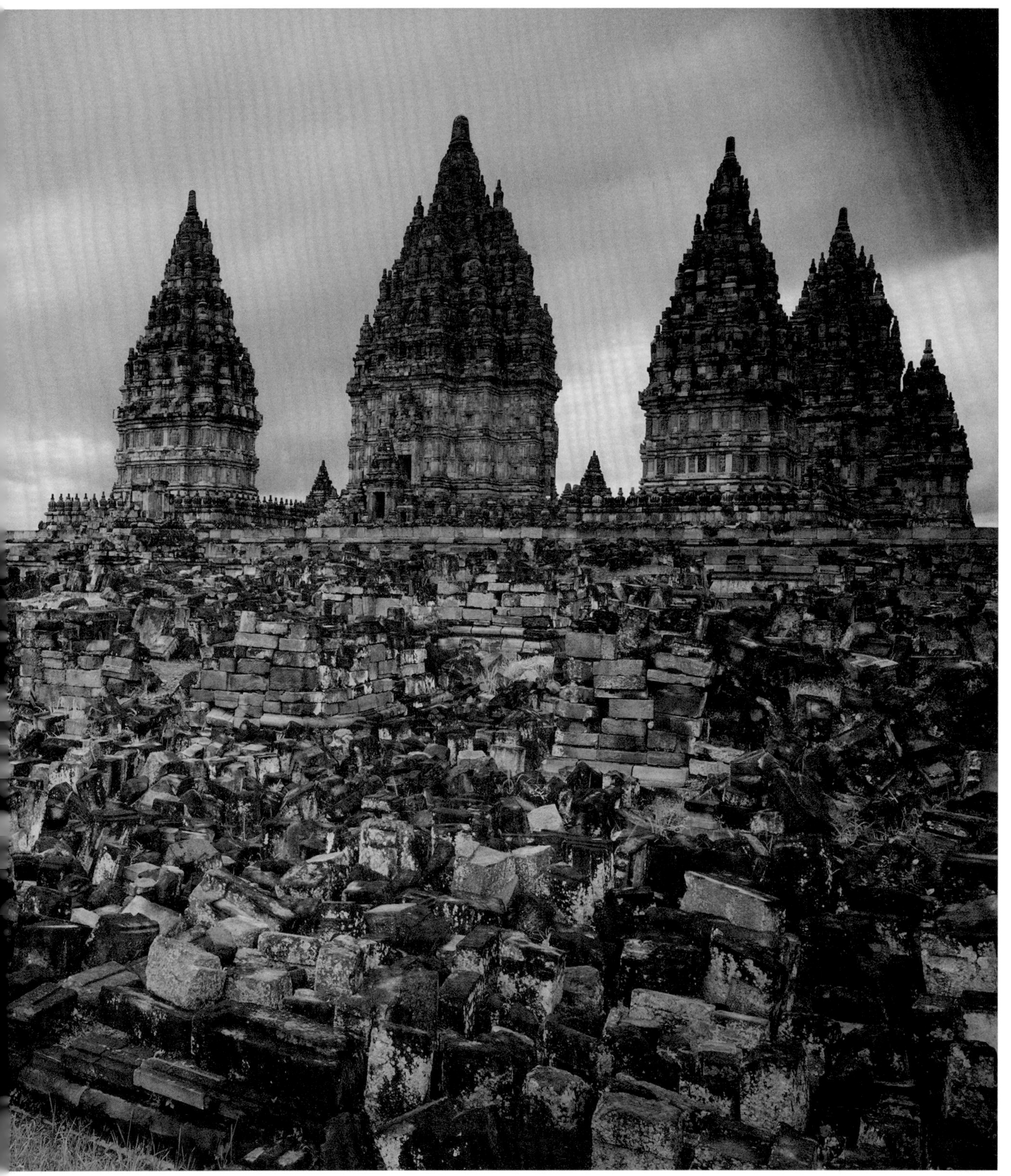

Stupa Dhamek, Sarnath, India
Dhamek stupa, Sarnath, India
1997

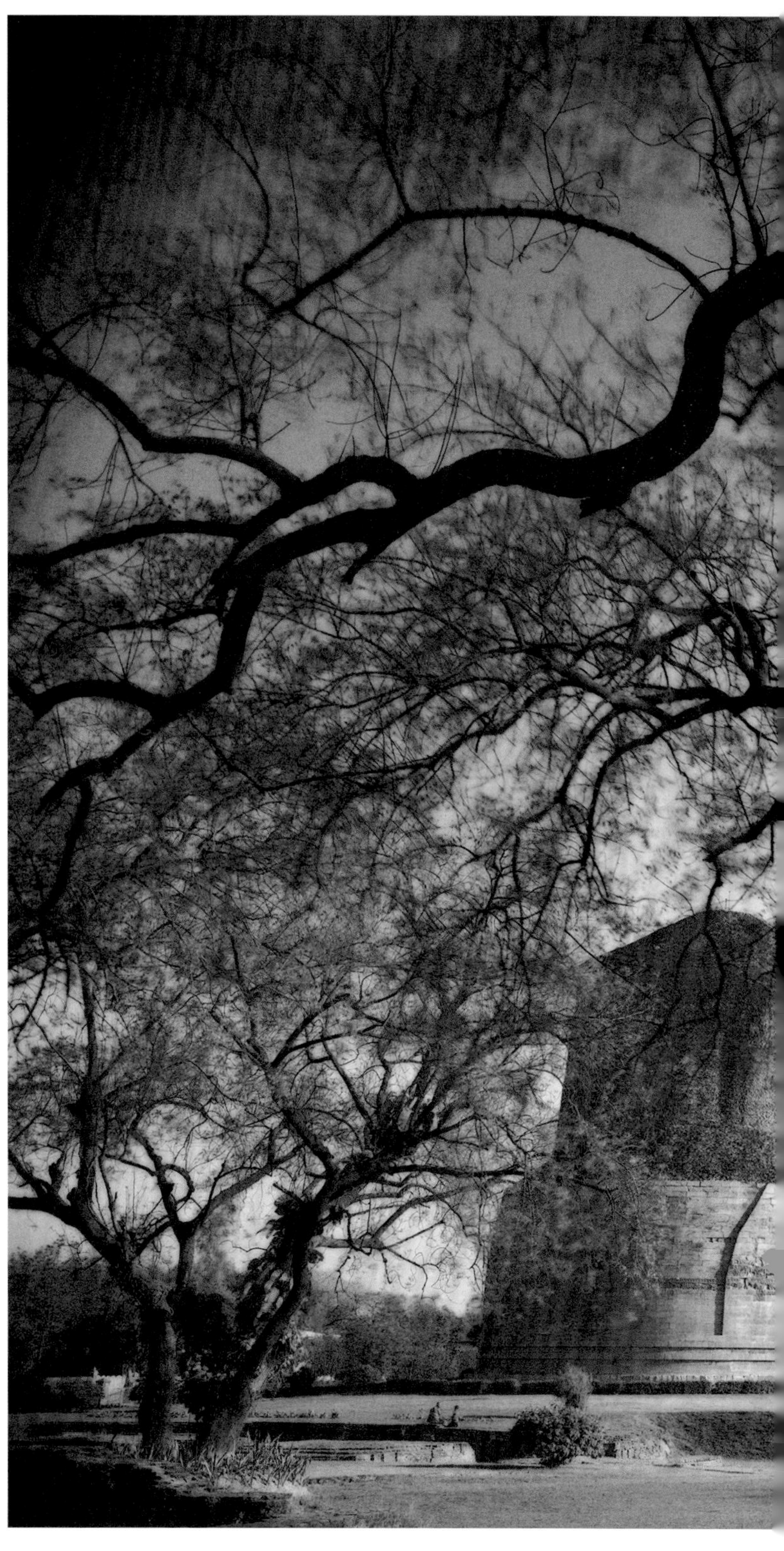

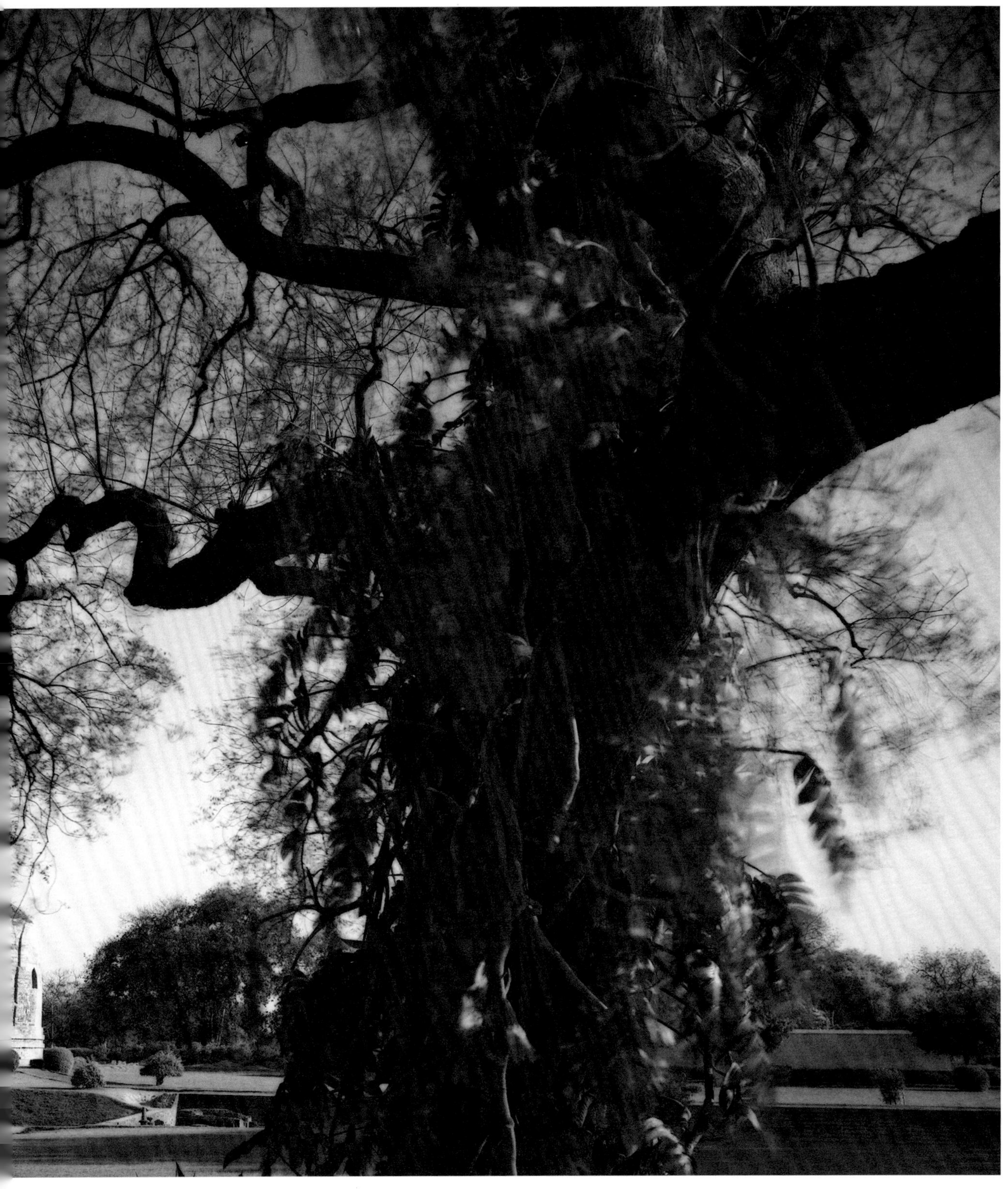

Stupa Khajuraho, India
Khajuraho stupa, India
1997

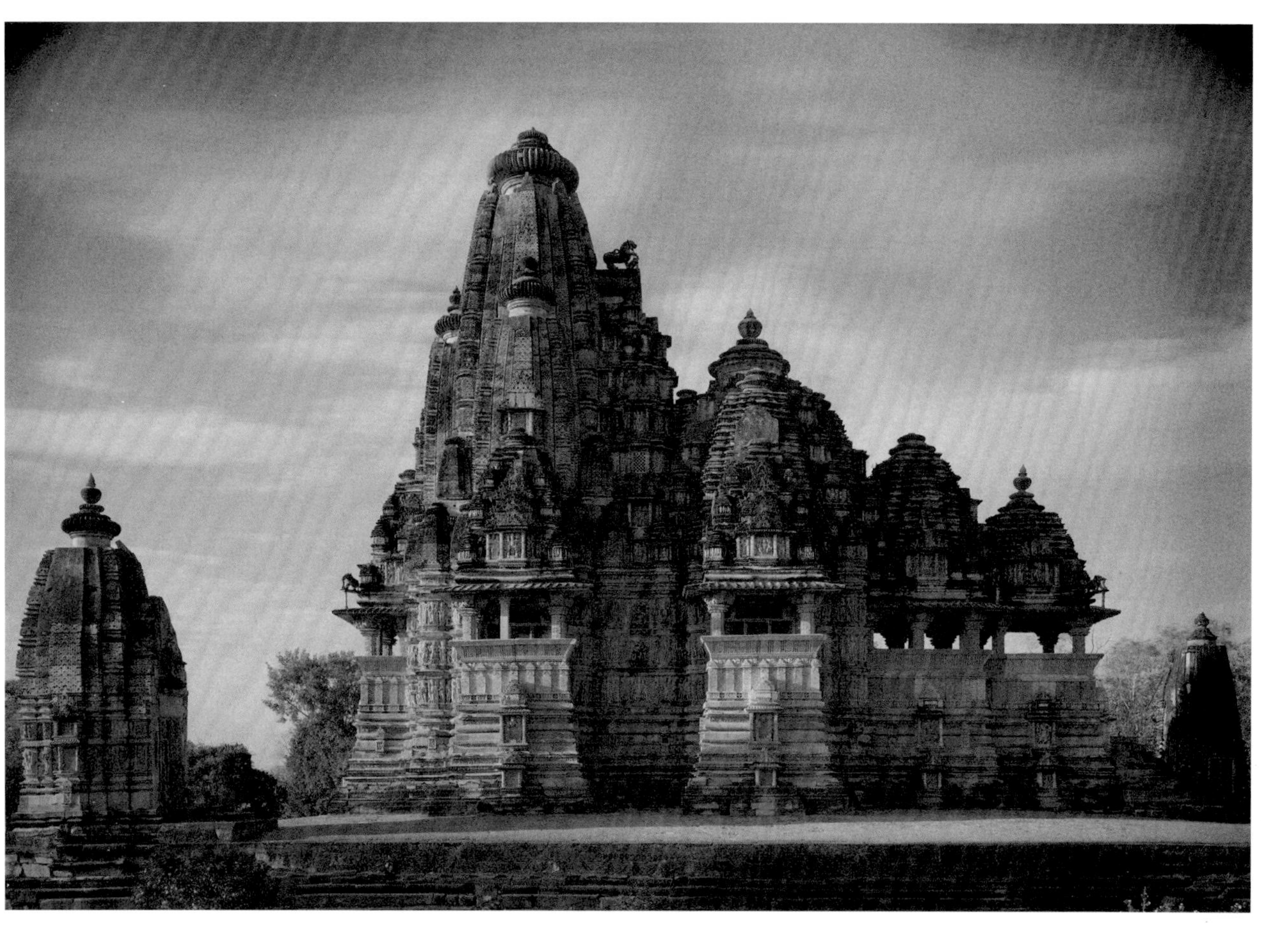

Tempio nella roccia, Hampi, India
Rock temple, Hampi, India
1995

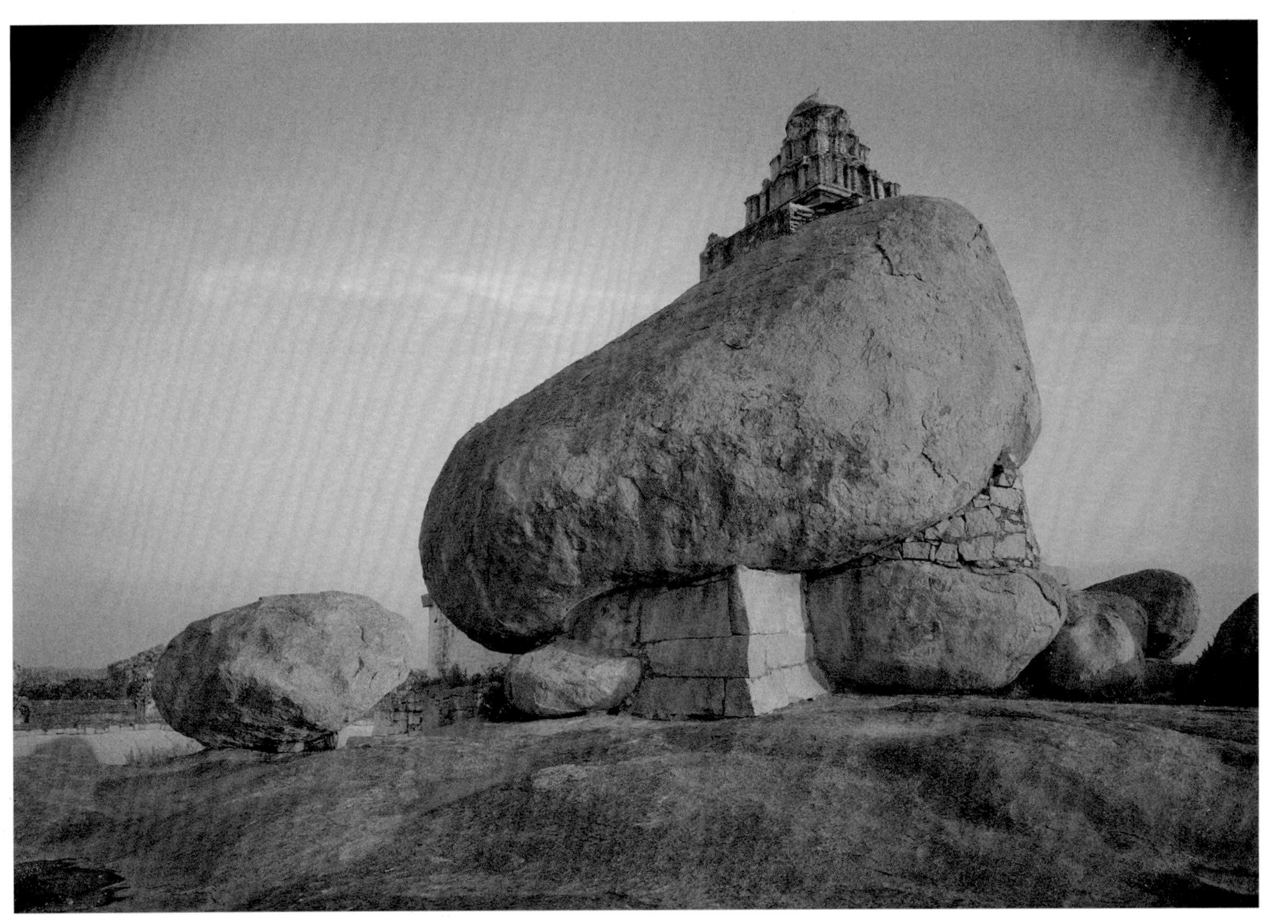

Ghat di Varanasi, India
Ghats of Varanasi, India
1997

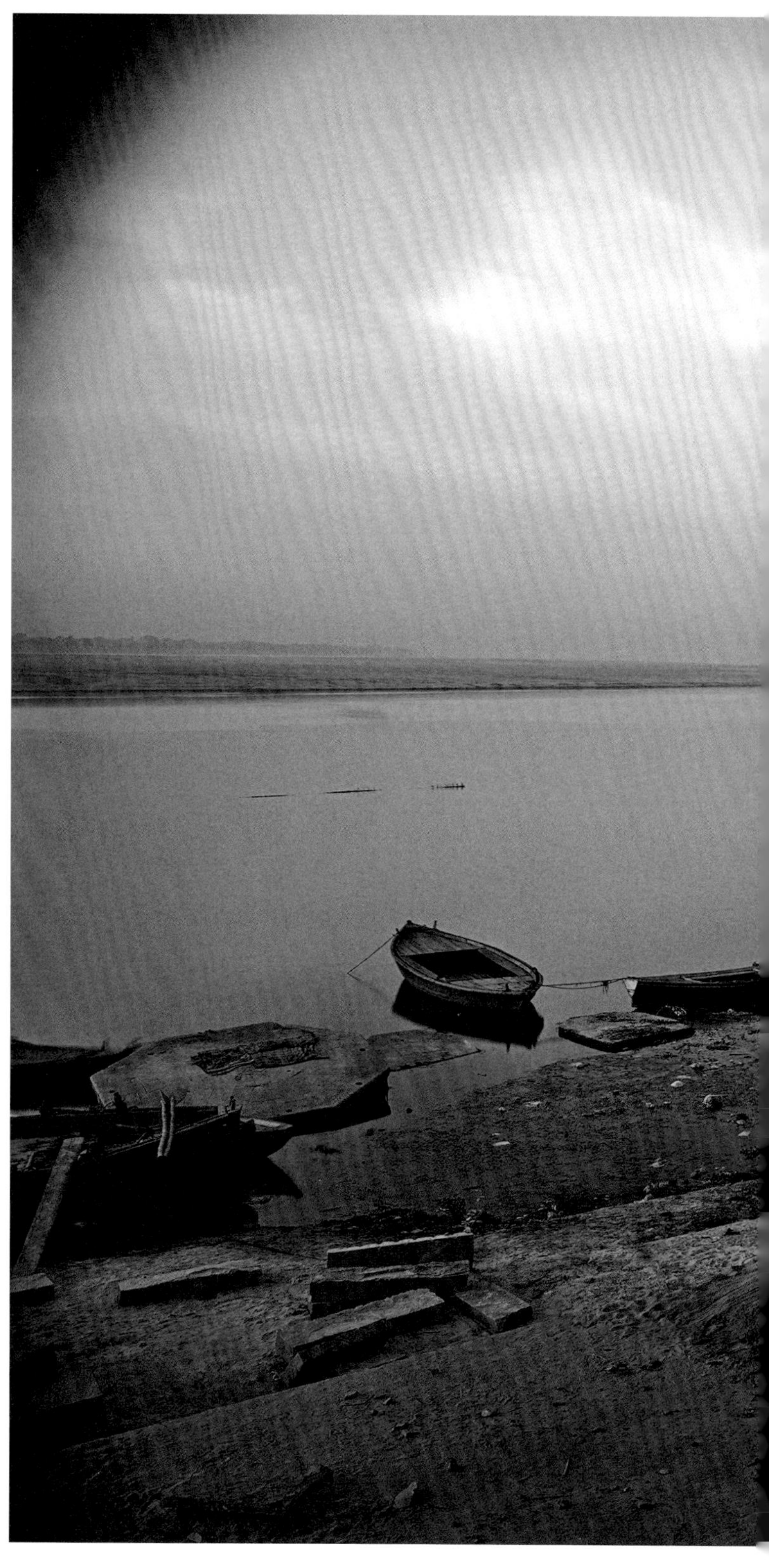

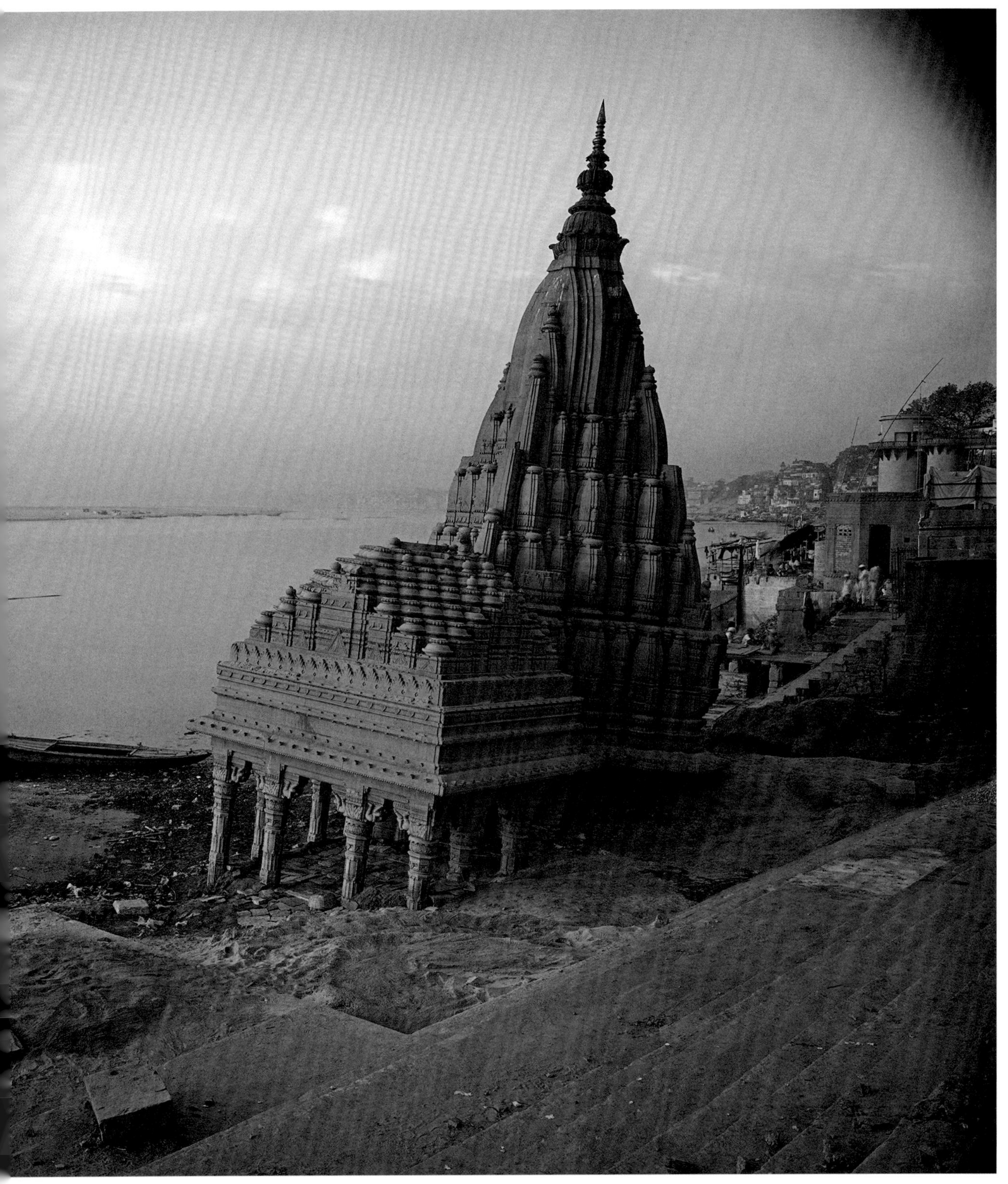

Testa di Buddha nell'albero, Ayutthaya,
Thailandia
**Buddha head in tree roots, Ayutthaya,
Thailand**
1998

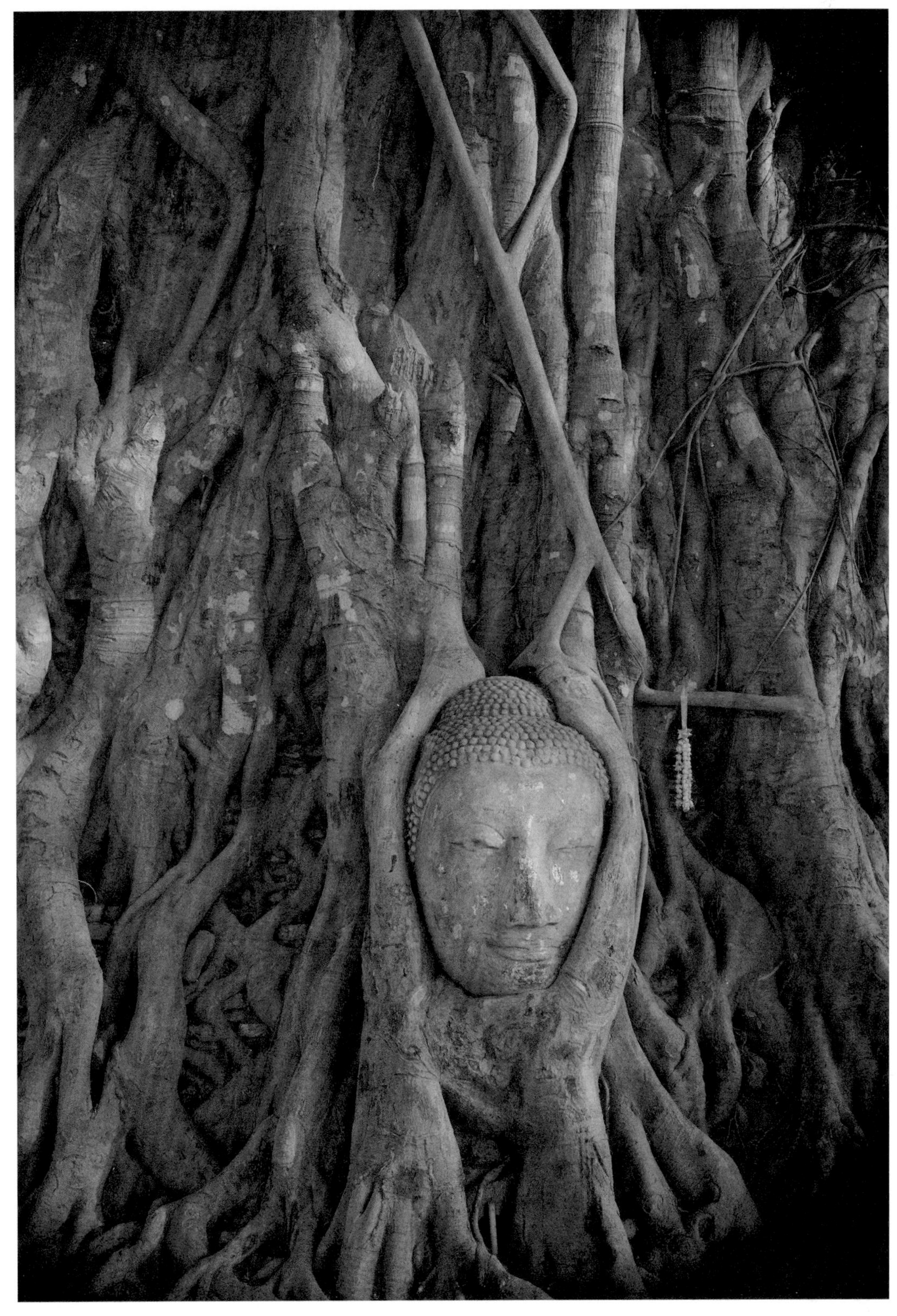

Lo Manthang, Mustang, Nepal
Lo Manthang, Mustang, Nepal
1998

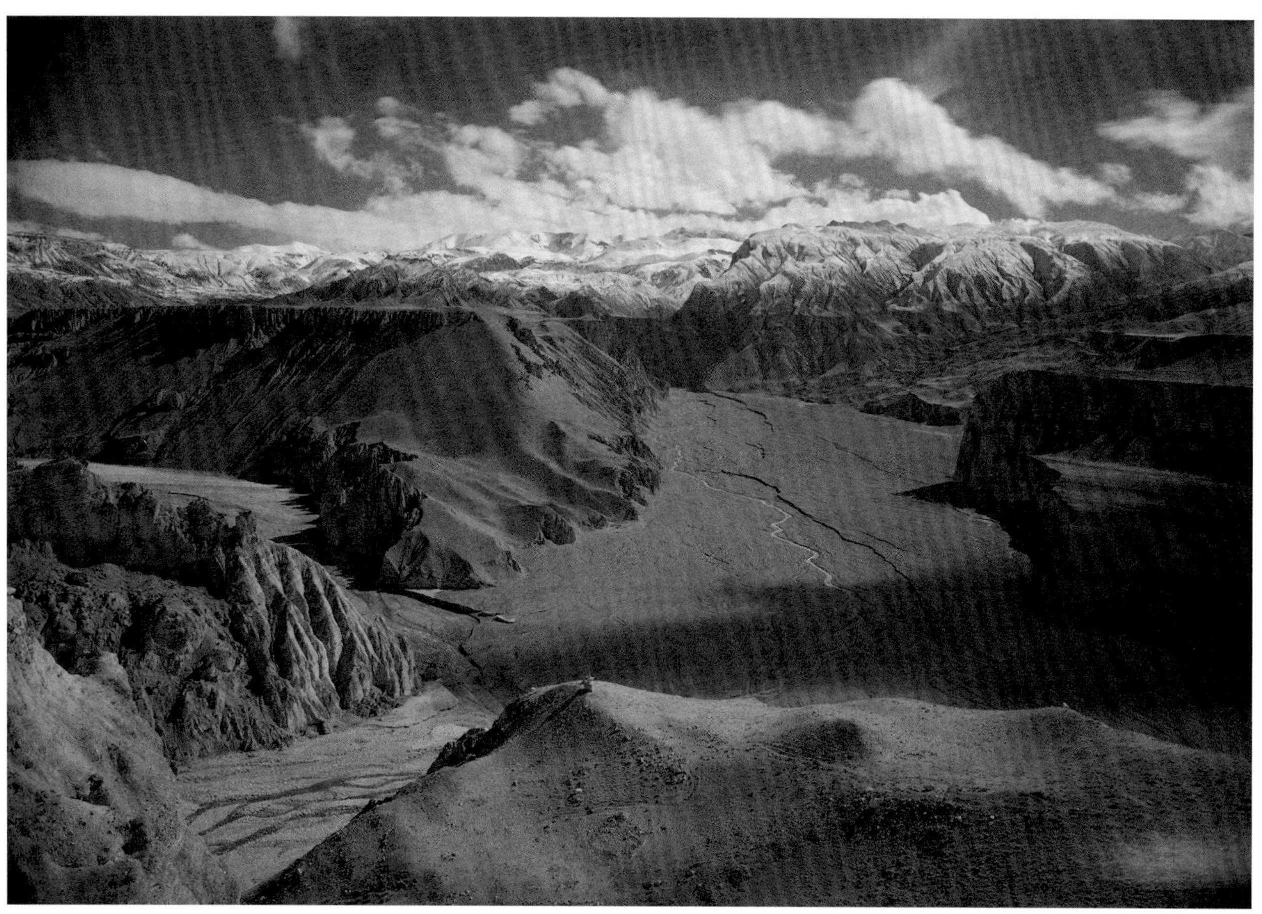

Bandiera di preghiera, Mustang, Nepal
Prayer flag, Mustang, Nepal
1998

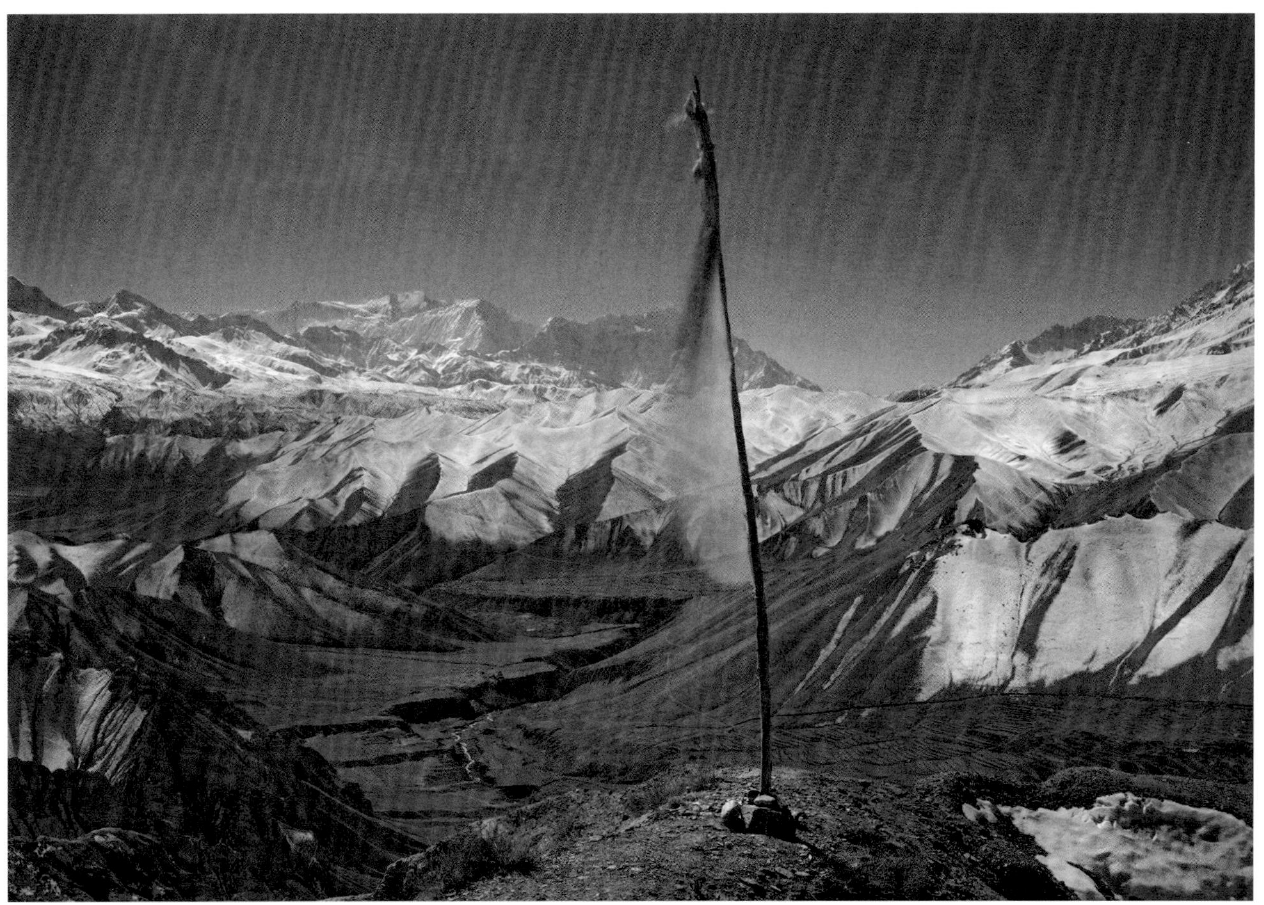

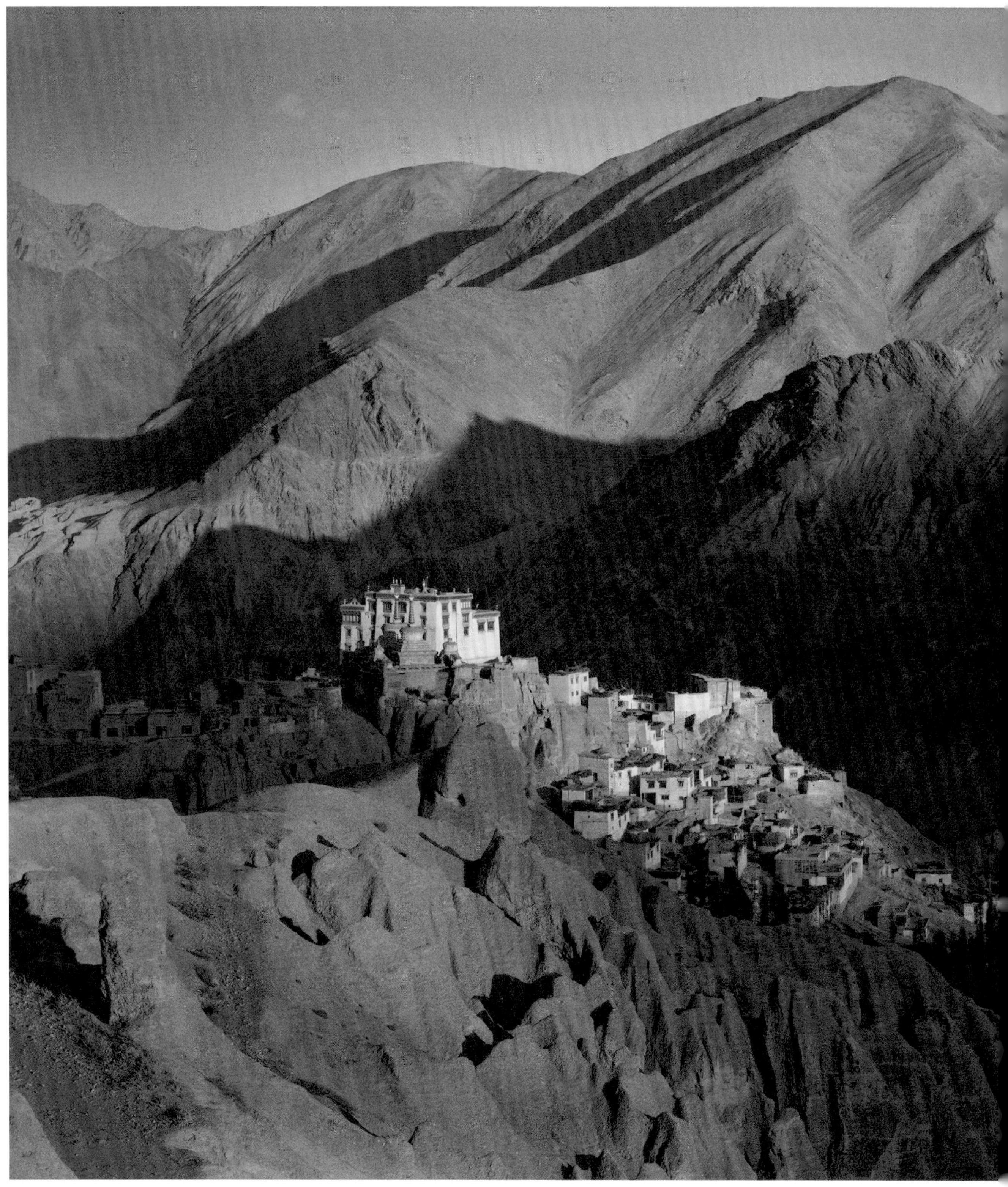

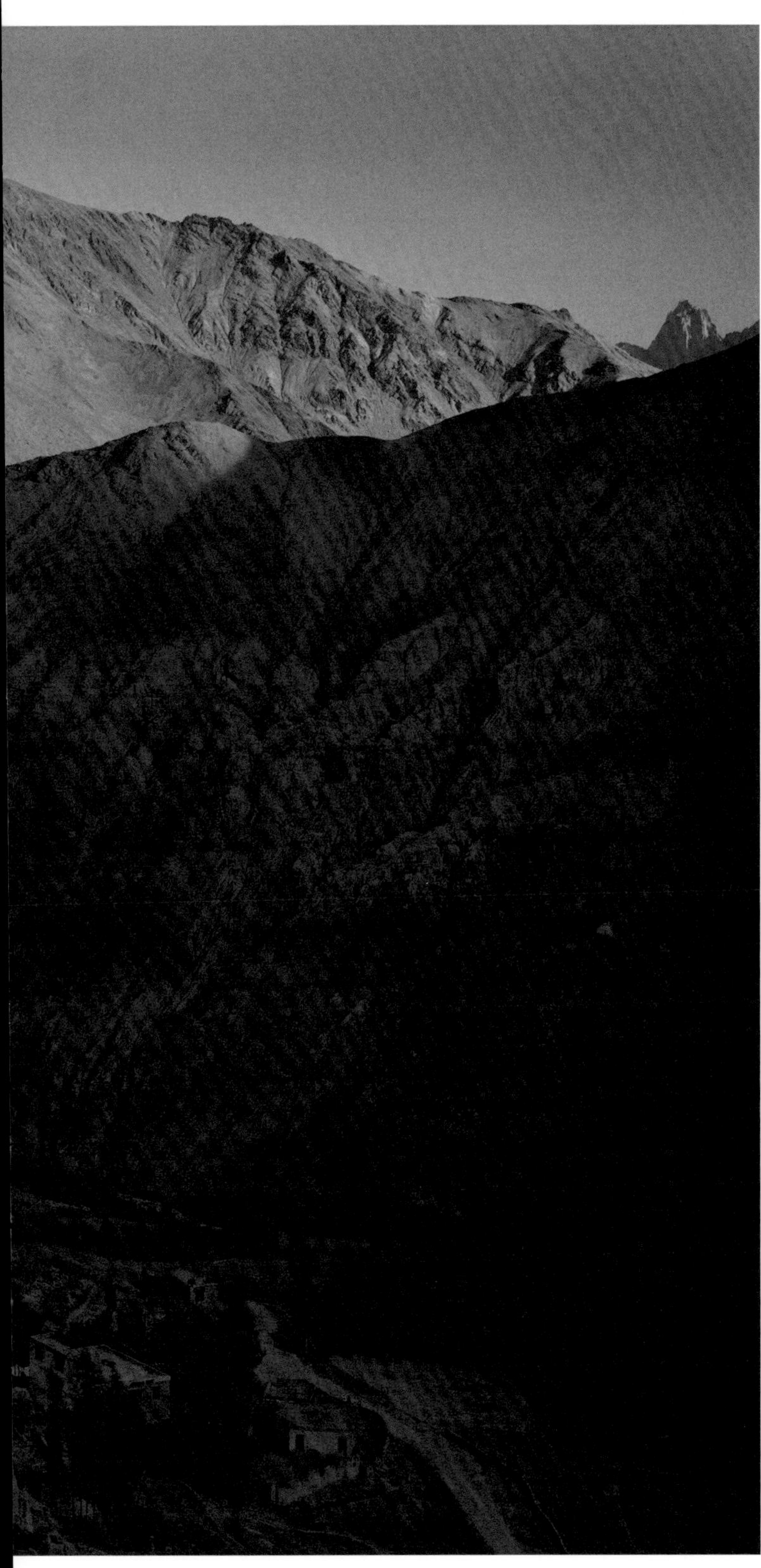

Lamayuru Gompa, Ladakh, India
Lamayuru Gompa, Ladakh, India
1999

Machu Picchu, Perù
Machu Picchu, Peru
2001

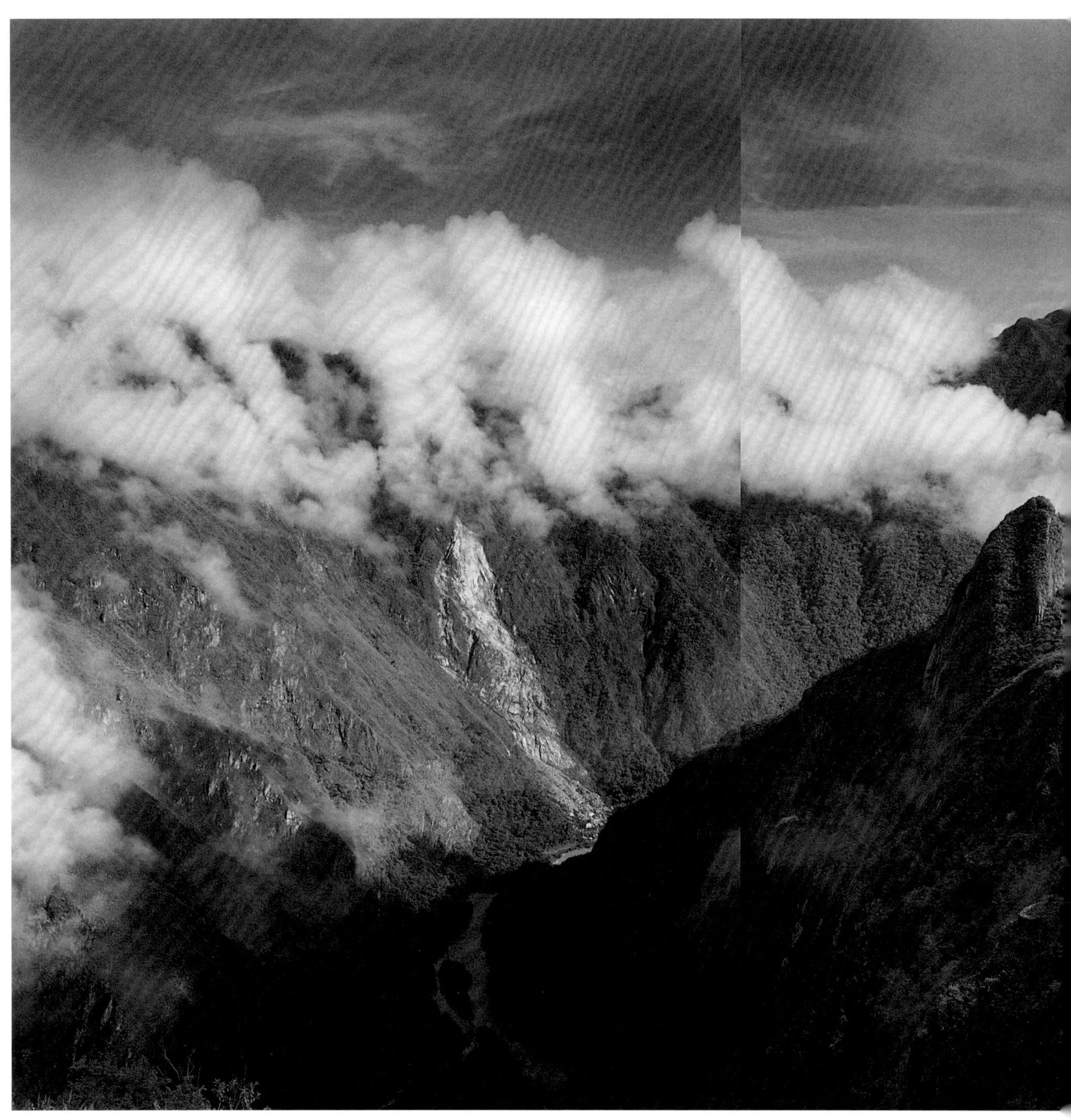

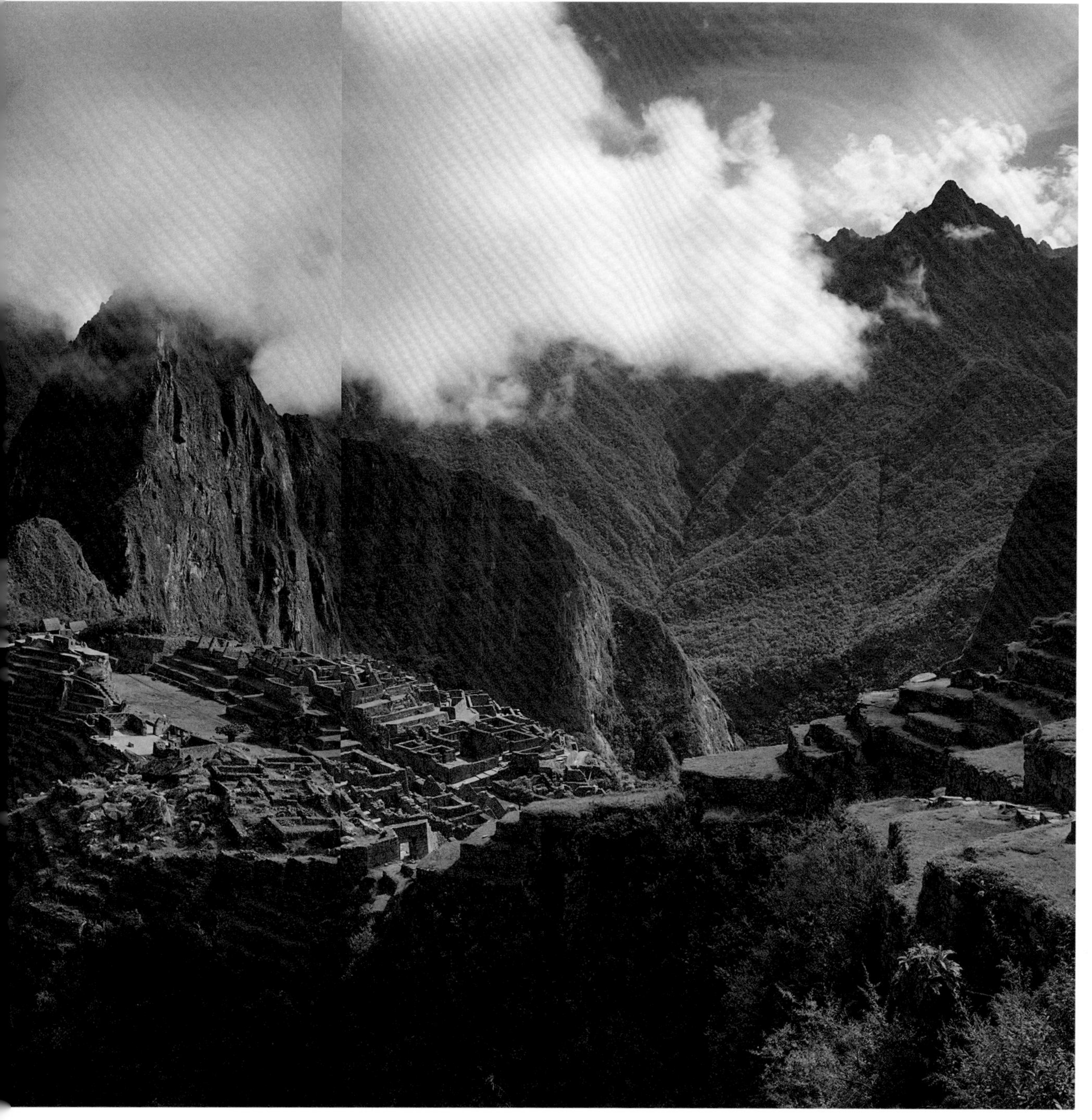

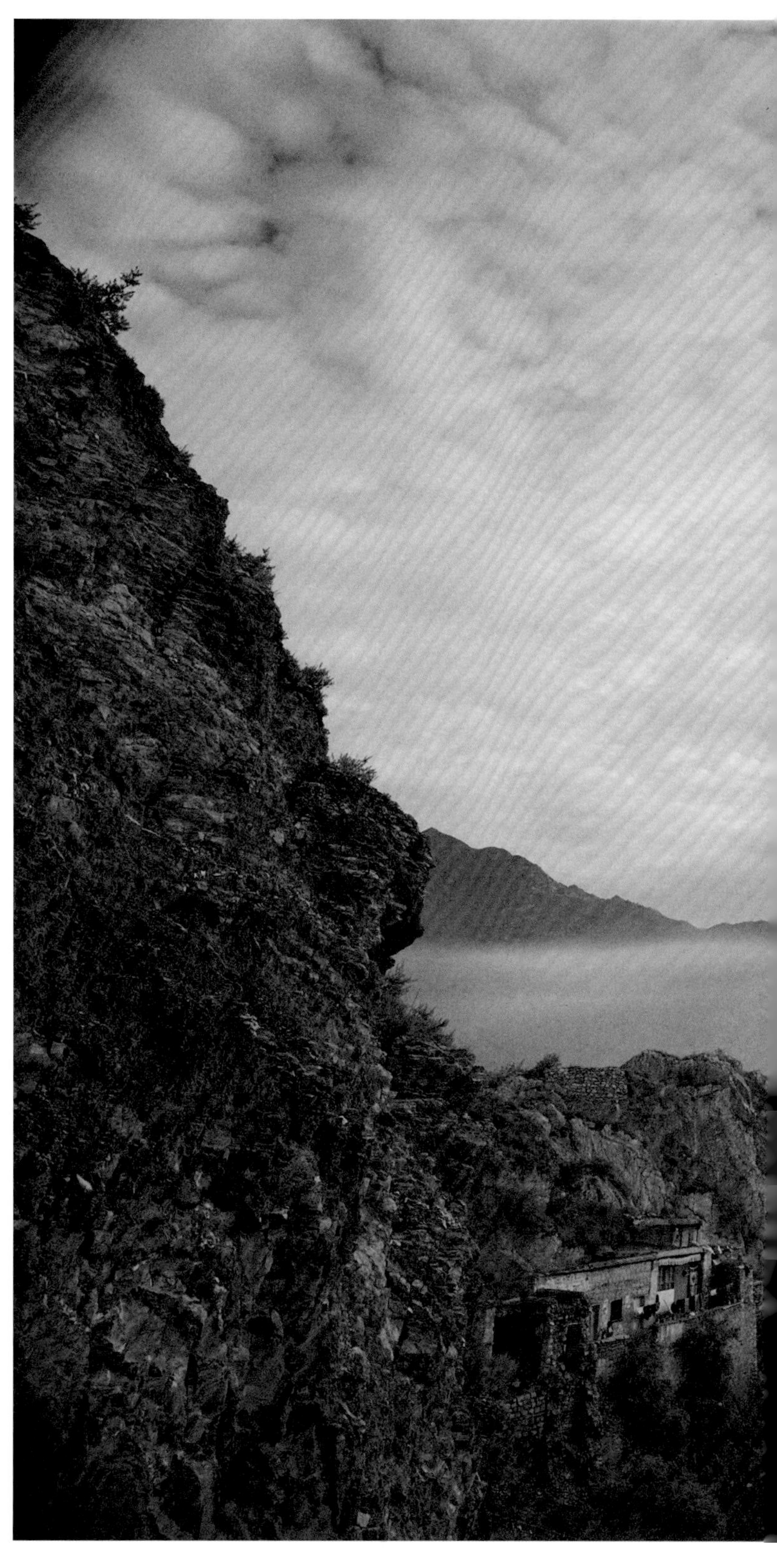

Il Potala, Lhasa, Tibet
The Potala, Lhasa, Tibet
1999

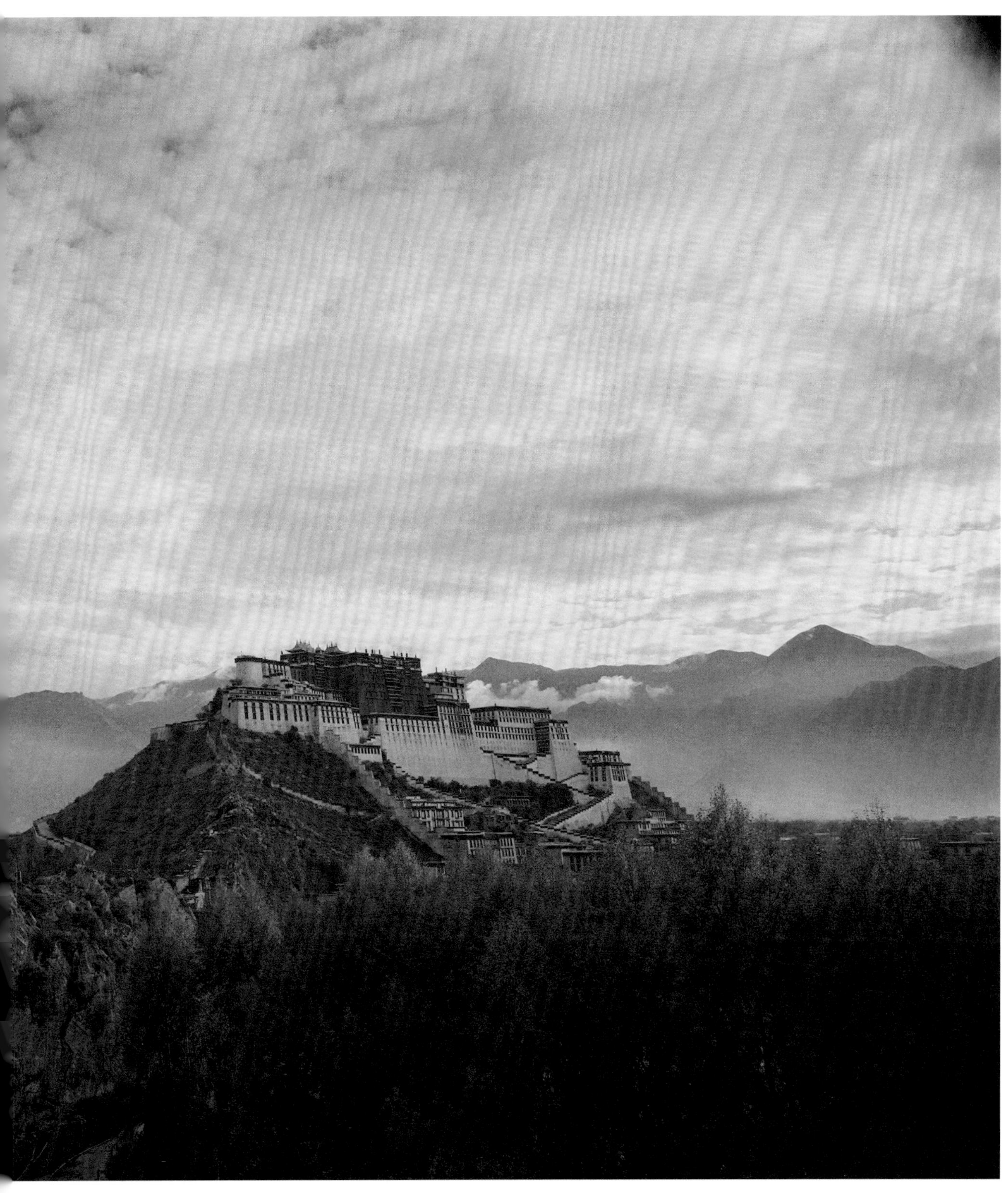

Monastero di Taktsang ("Nido della tigre"), Paro, Bhutan
Taktsang Monastery ("Tiger's Nest"), Paro, Bhutan
2003

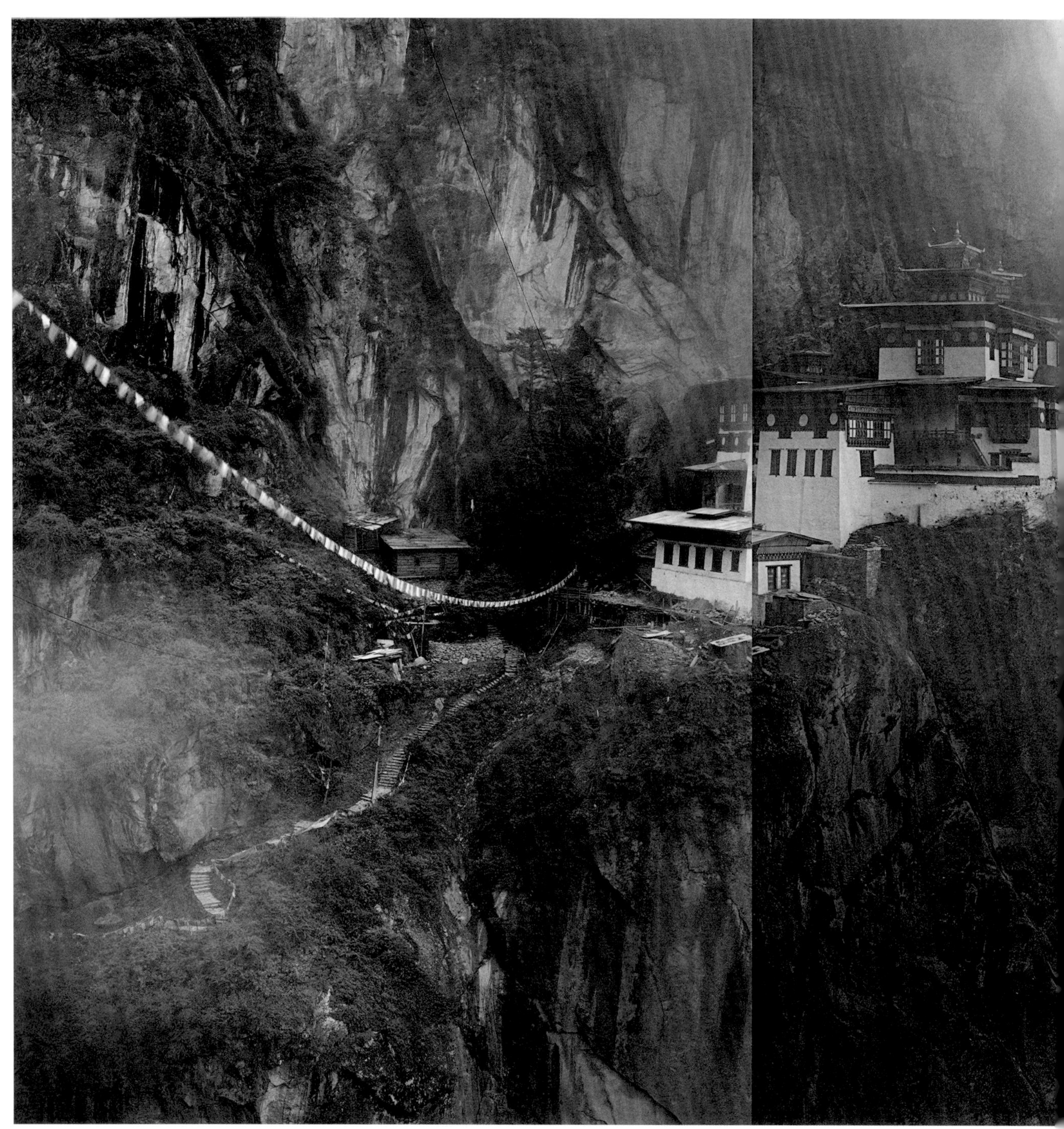

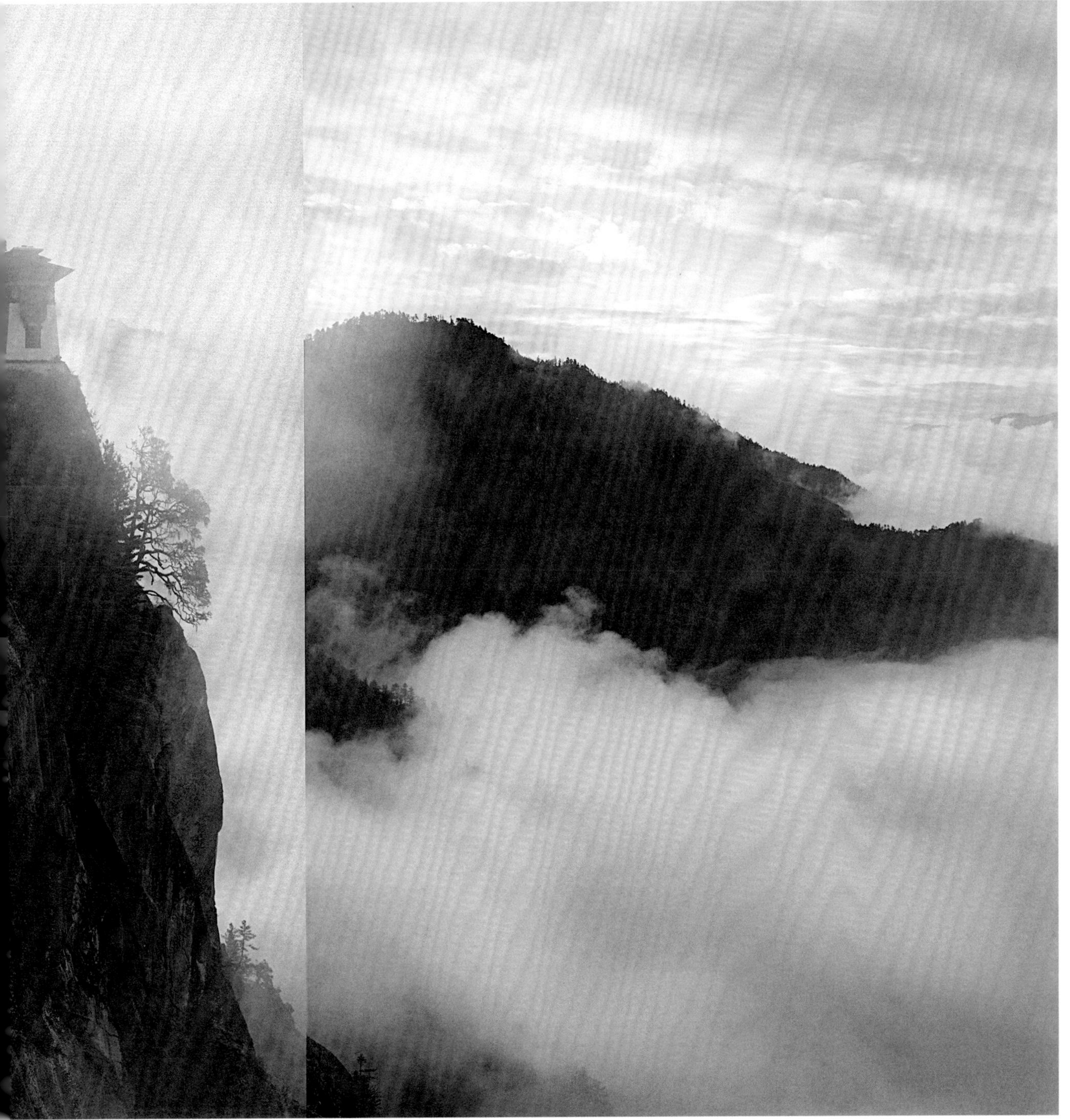

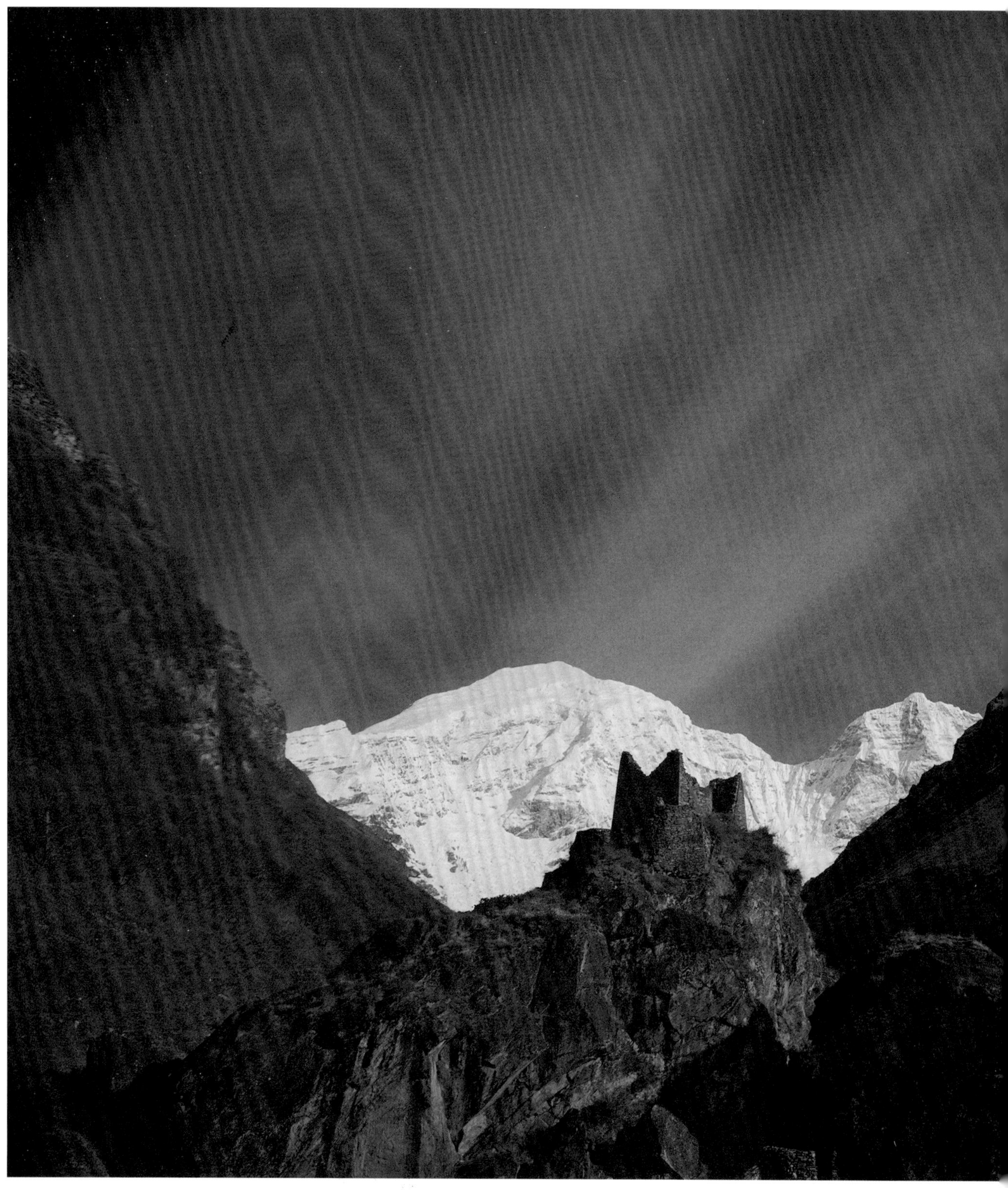

Monte Jomolhari, la montagna sacra,
Jogothang, Bhutan
**Mount Jomolhari, the sacred mountain,
Jogothang, Bhutan**
2003

Trashigang Dzong, Trashigang, Bhutan
Trashigang Dzong, Trashigang, Bhutan
2003

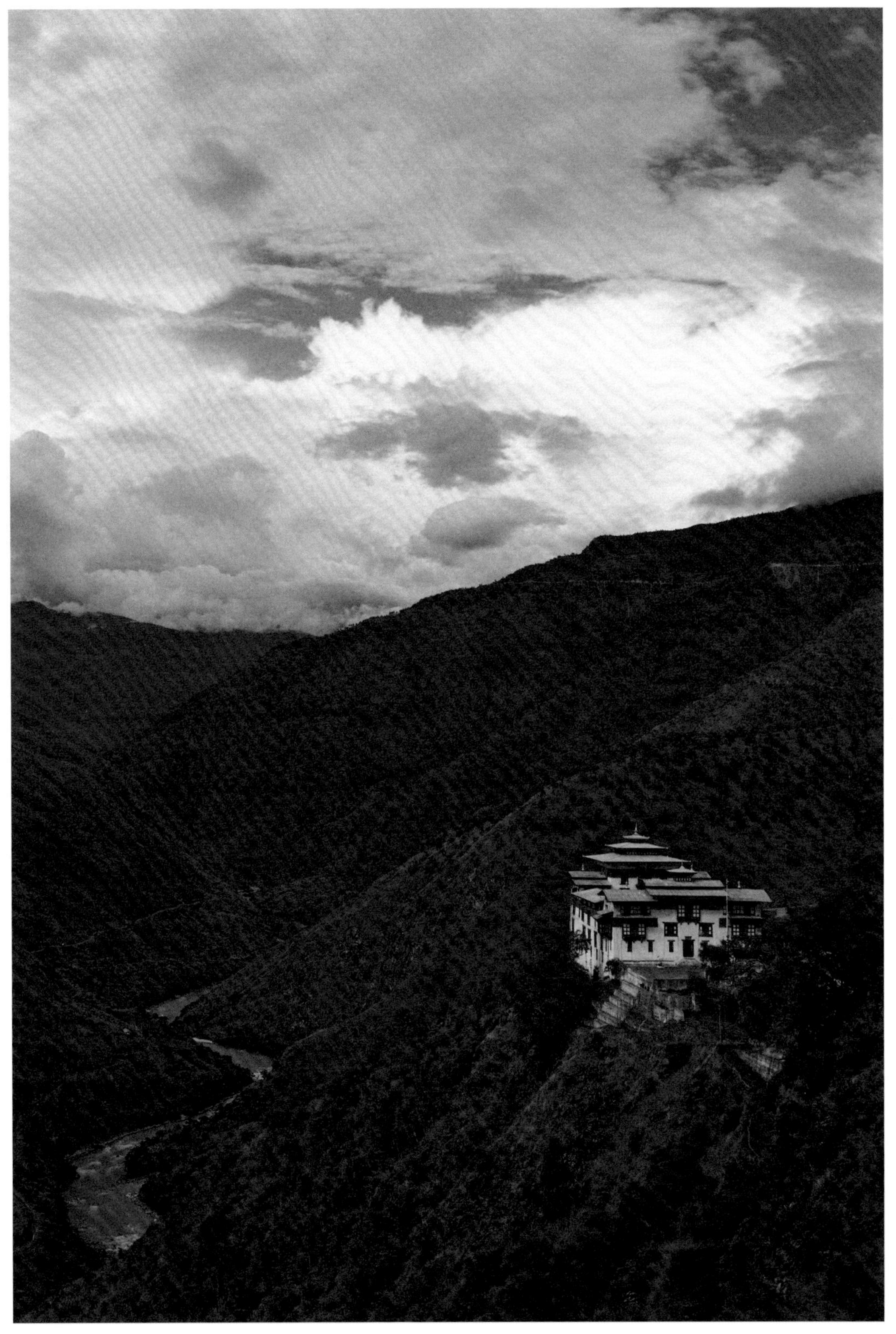

Monaco in costume tradizionale per Tshechu
(festività religiosa), monastero di Ithaka, Paro, Bhutan
Monk in a Tshechu (religious festival)
costume at Ithaka monastery, Paro, Bhutan
2005

Alle pagine seguenti / **Following pages**
Monaco in costume tradizionale per Tshechu,
Paro Dzong, Paro, Bhutan
Monk in a Tshechu costume, Paro Dzong,
Paro, Bhutan
2006

Monaco in costume tradizionale per Tshechu,
Paro Dzong, Paro, Bhutan
Monk in a Tshechu costume, Paro Dzong,
Paro, Bhutan
2006

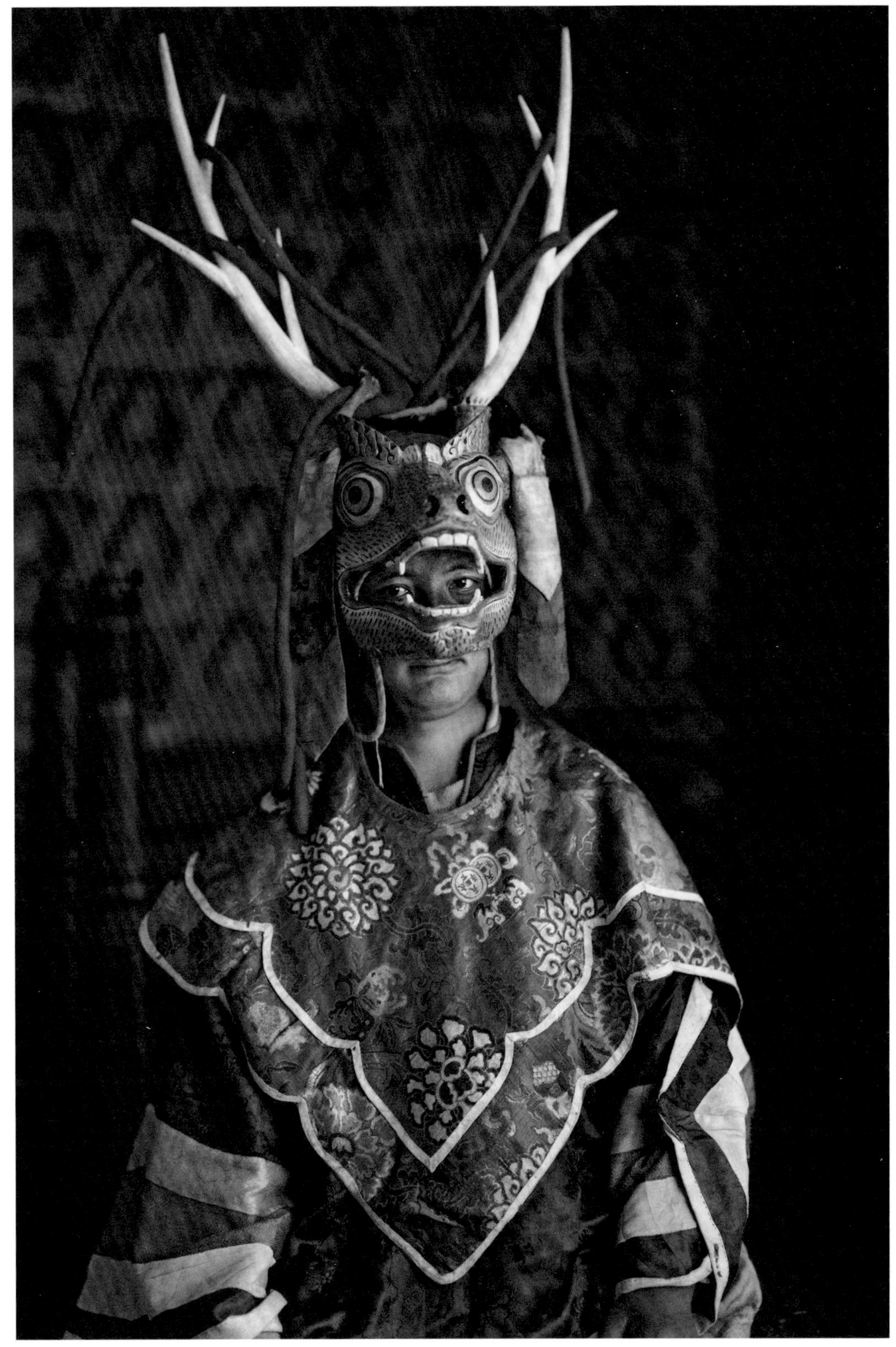

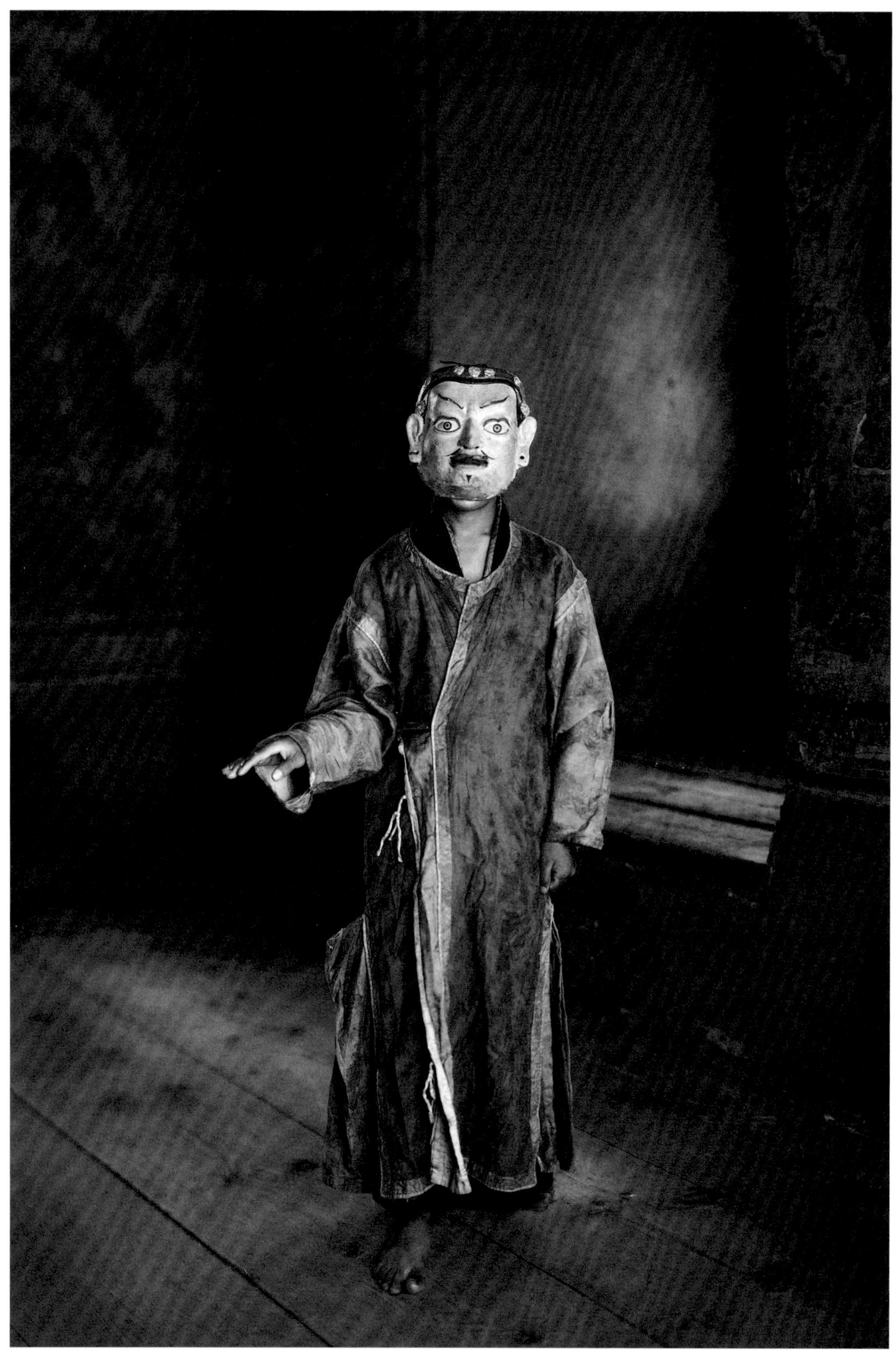

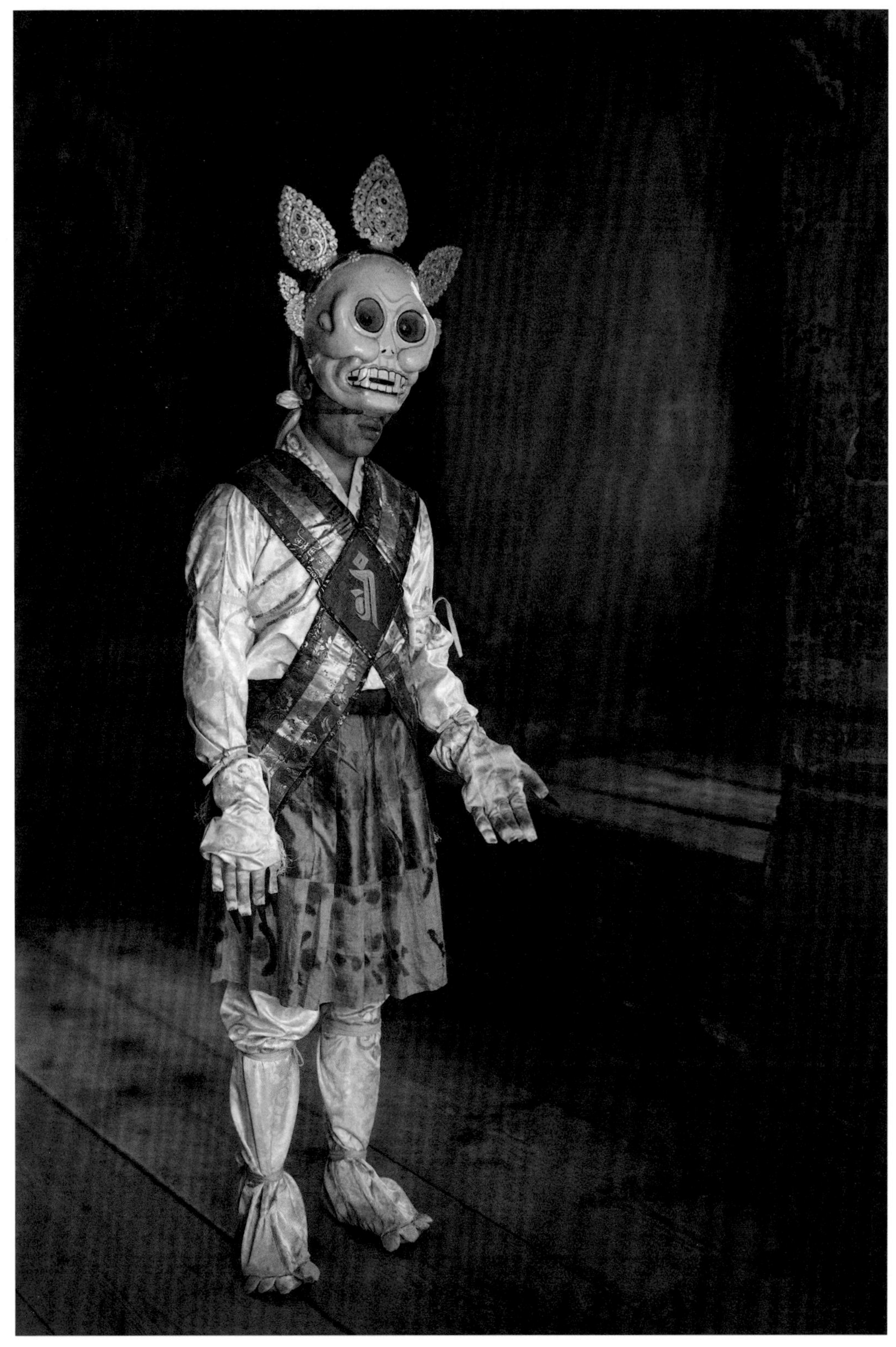

Danzatori al Tamshing Tshechu, Tamshing,
Bhutan
Dancers at Tamshing Tshechu, Tamshing,
Bhutan
2006

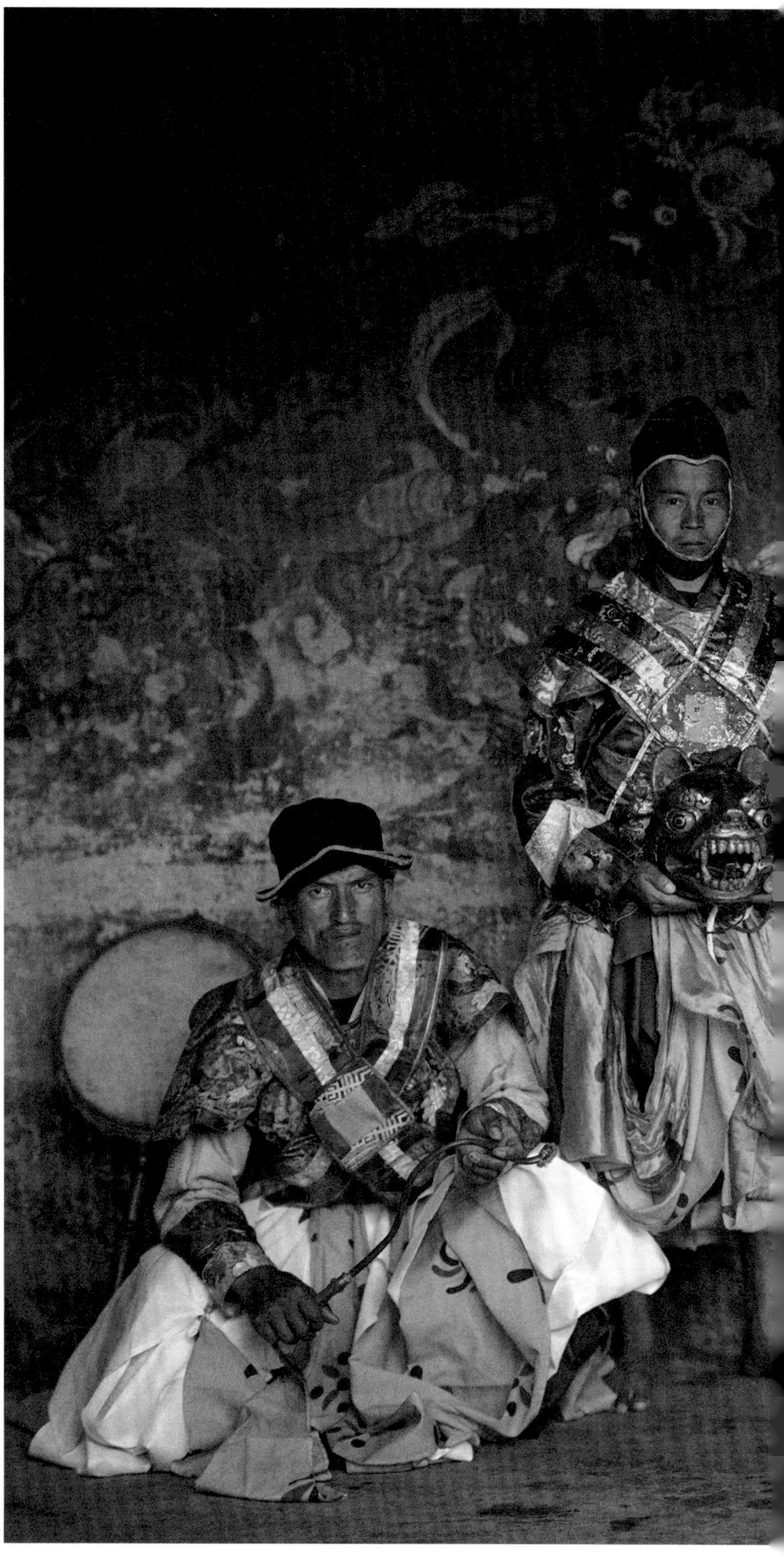

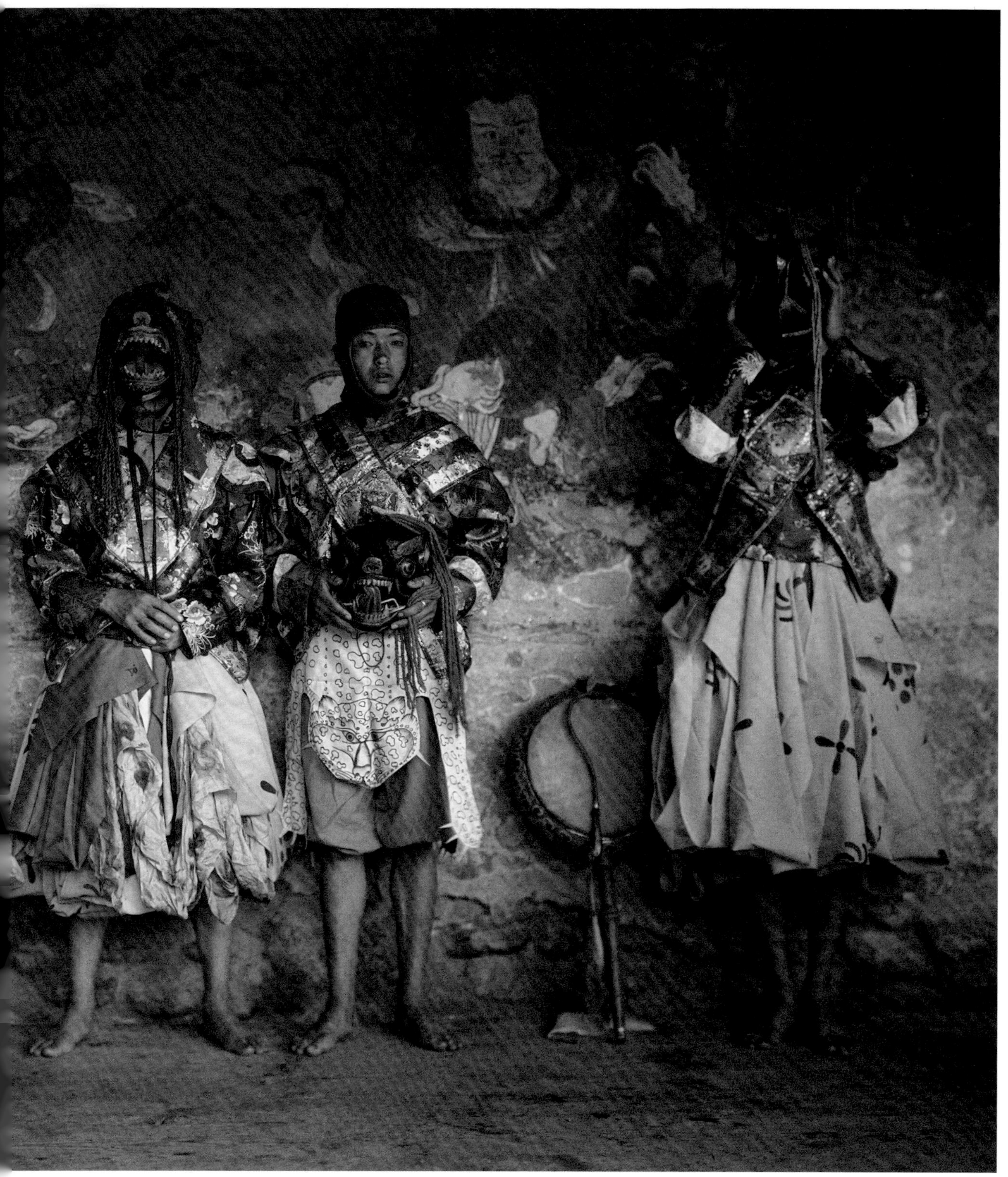

Preghiera su una spiaggia di Allahabad, India
Prayer at a beach of Allahabad, India
2008

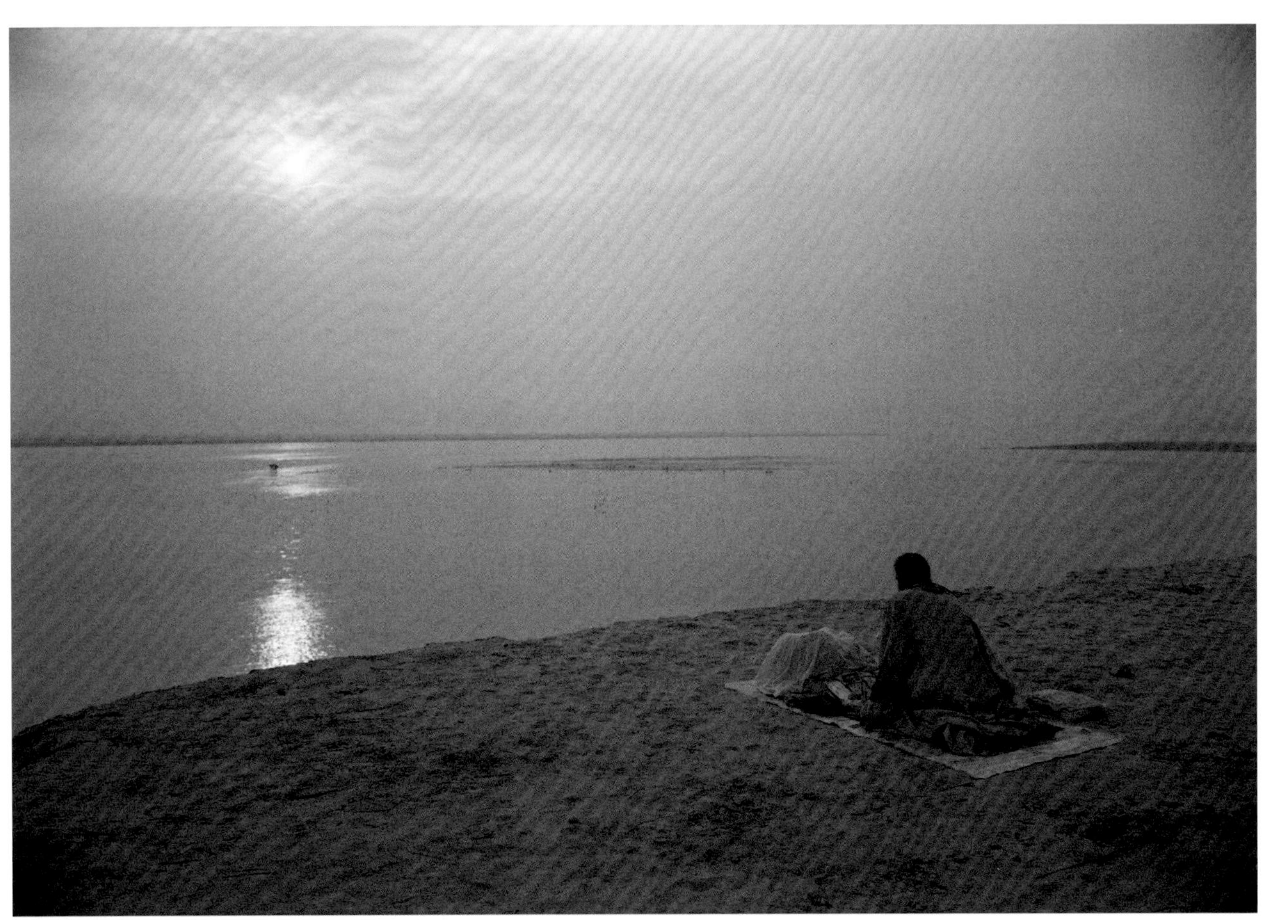

Preghiera al Tempio d'Oro, Amritsar, India
Prayer at the Golden Temple, Amritsar, India
2009

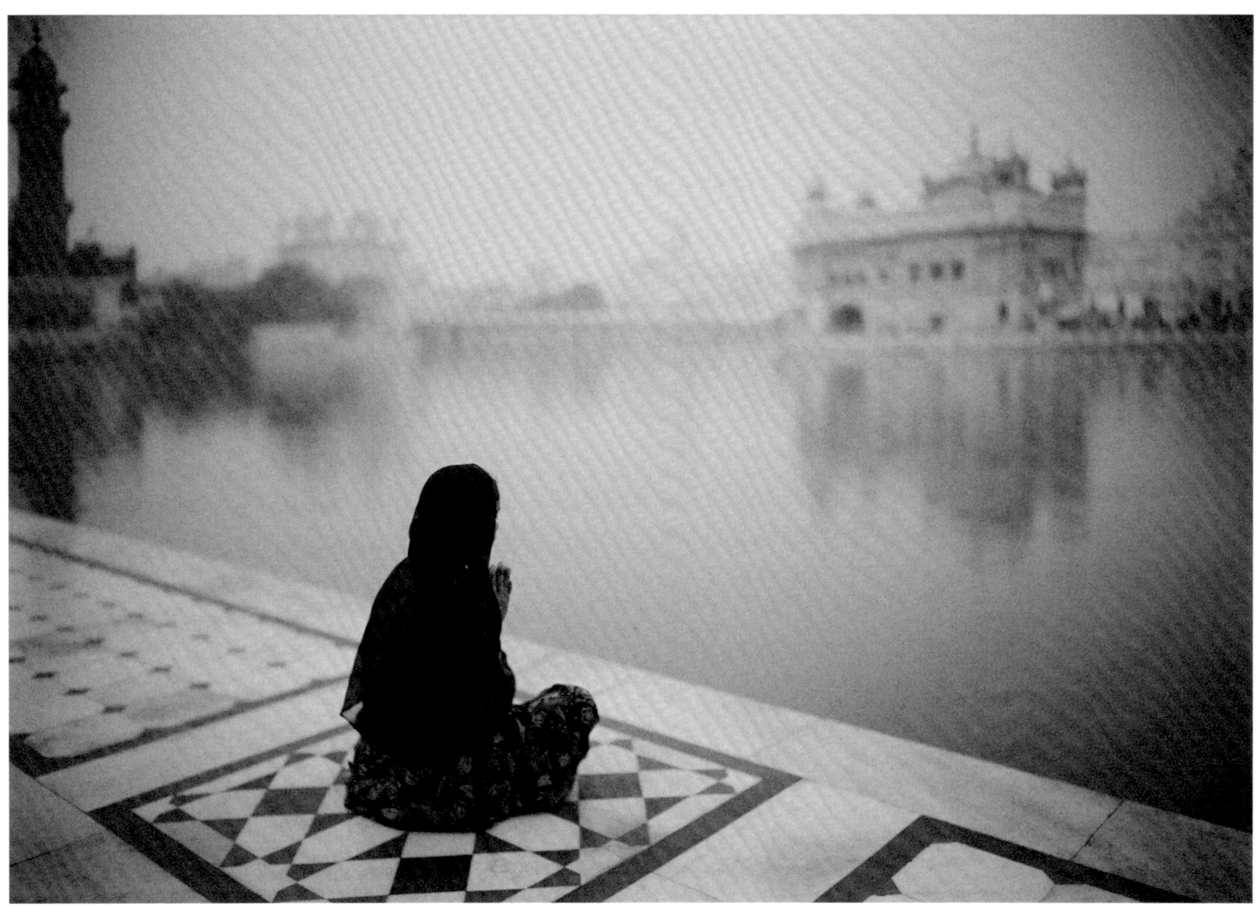

Taj Mahal nella nebbia mattutina, Agra, India
Taj Mahal in the morning fog, Agra, India
2008

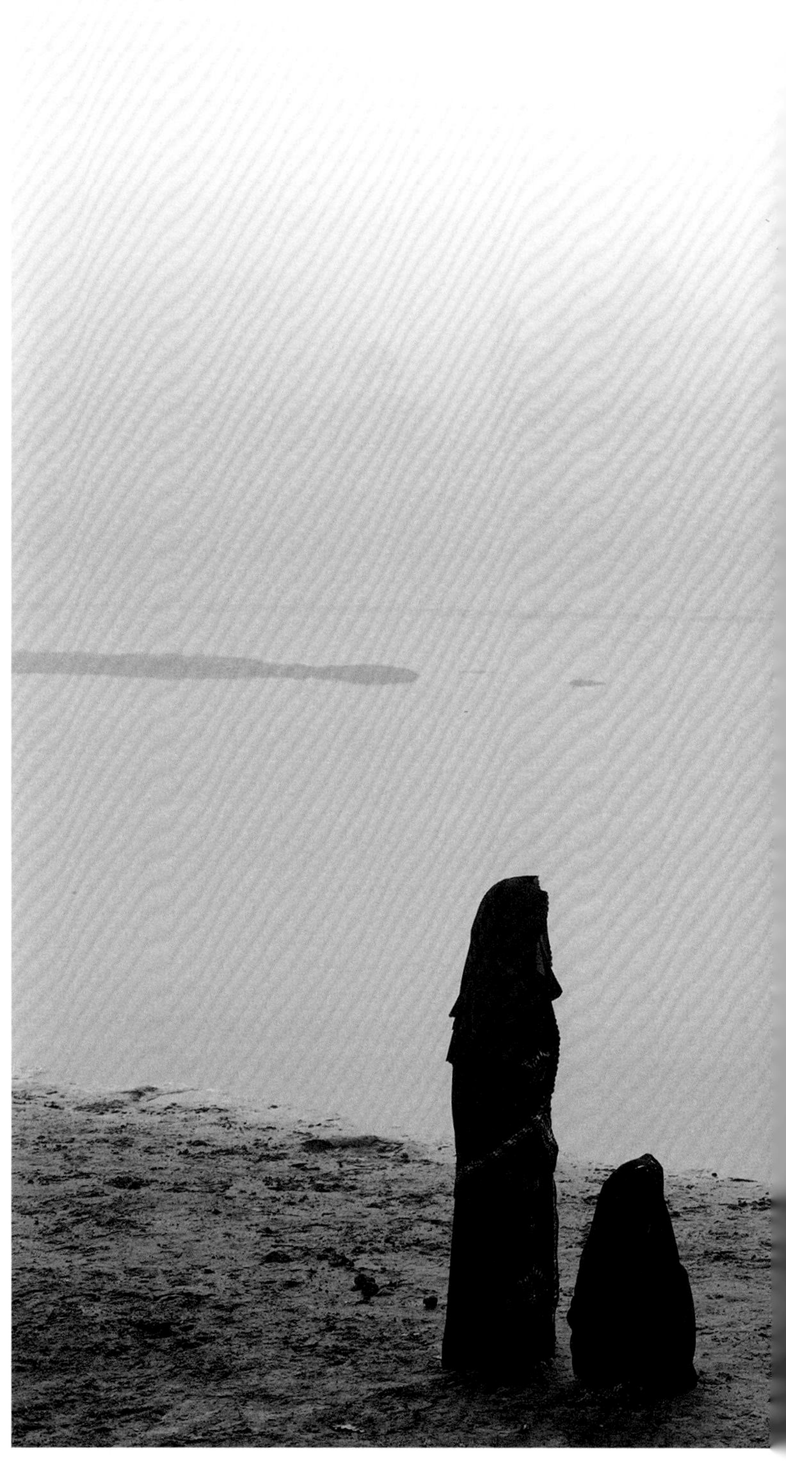

Bagno sacro a Rameswaram, India
Holy bath at Rameswaram, India
2012

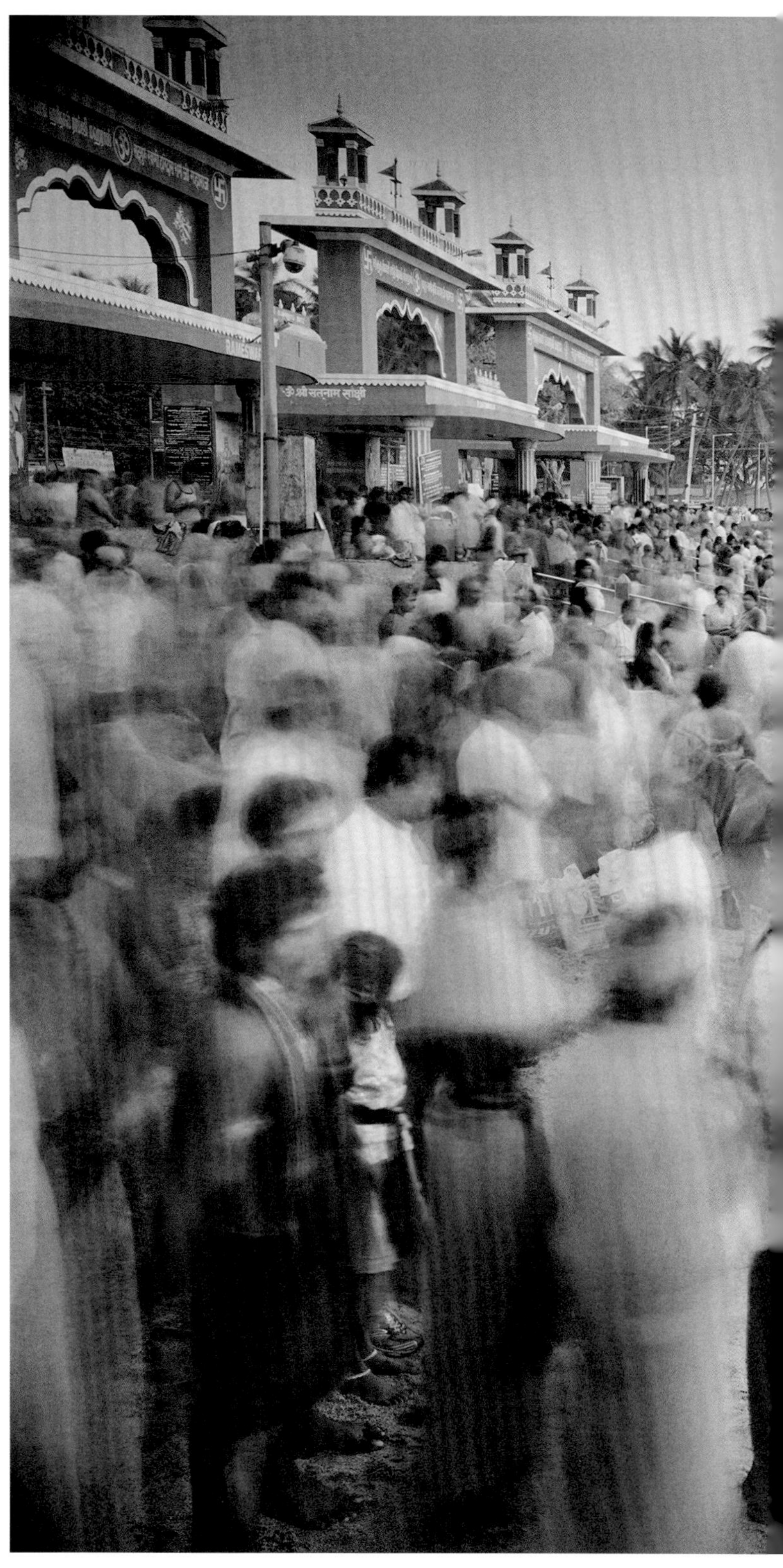

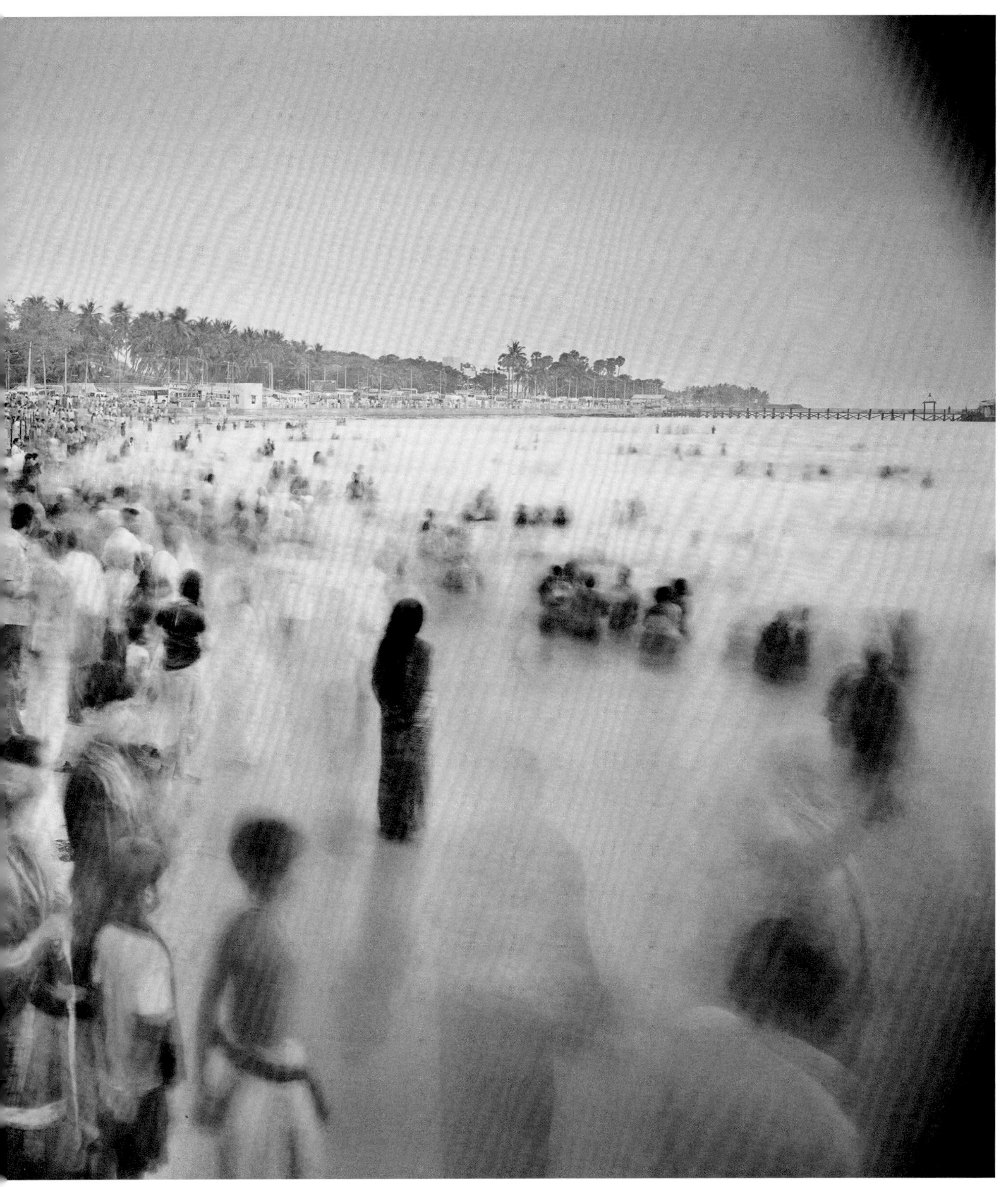

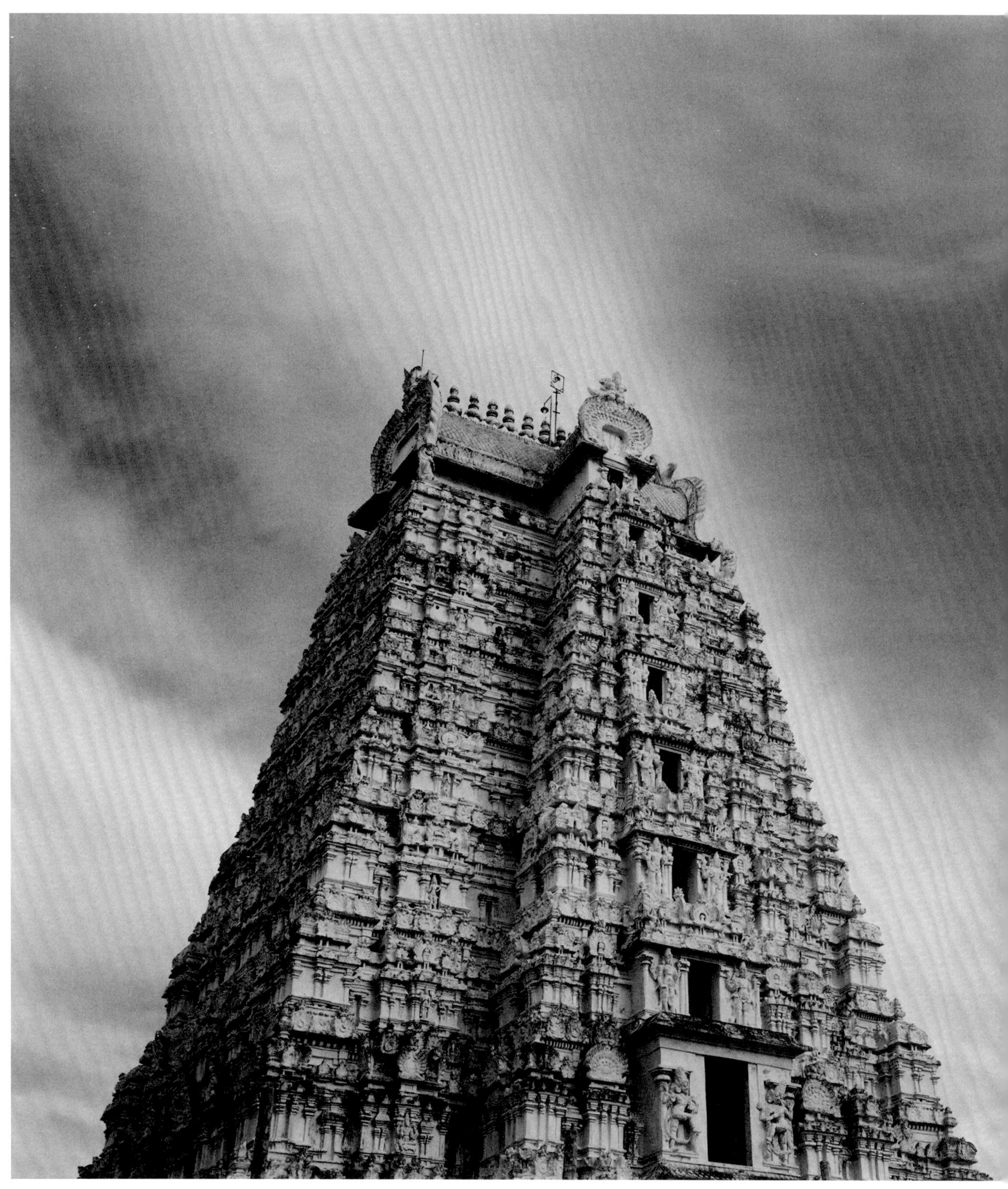

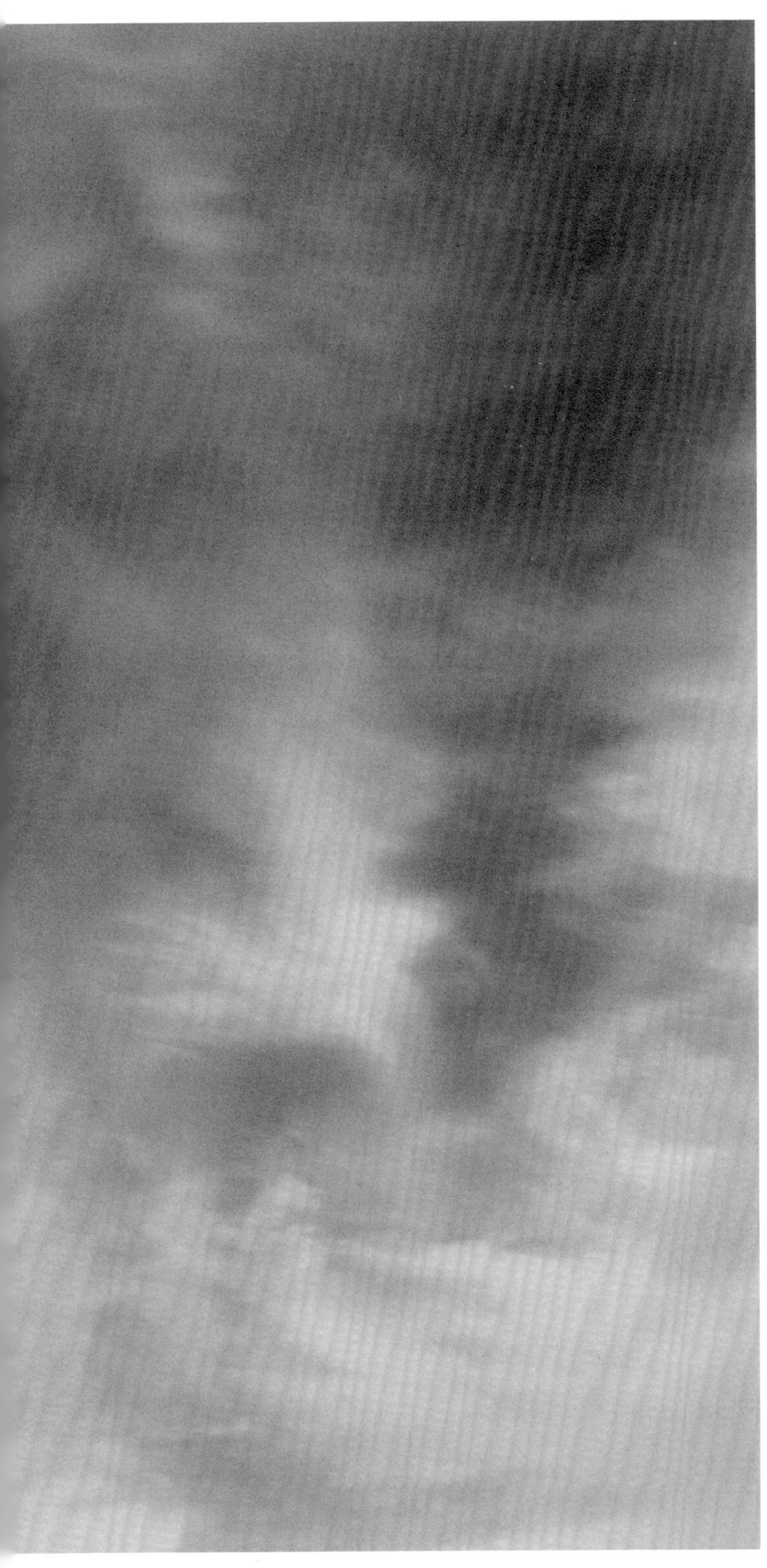

Gopuram del Tempio di Srirangam,
Tiruchirappalli, India
**Gopuram of Srirangam Temple,
Tiruchirappalli, India**
2012

Tempio nella roccia, Hampi, Karnataka, India
Rock temple at Hampi, Karnataka, India
2010

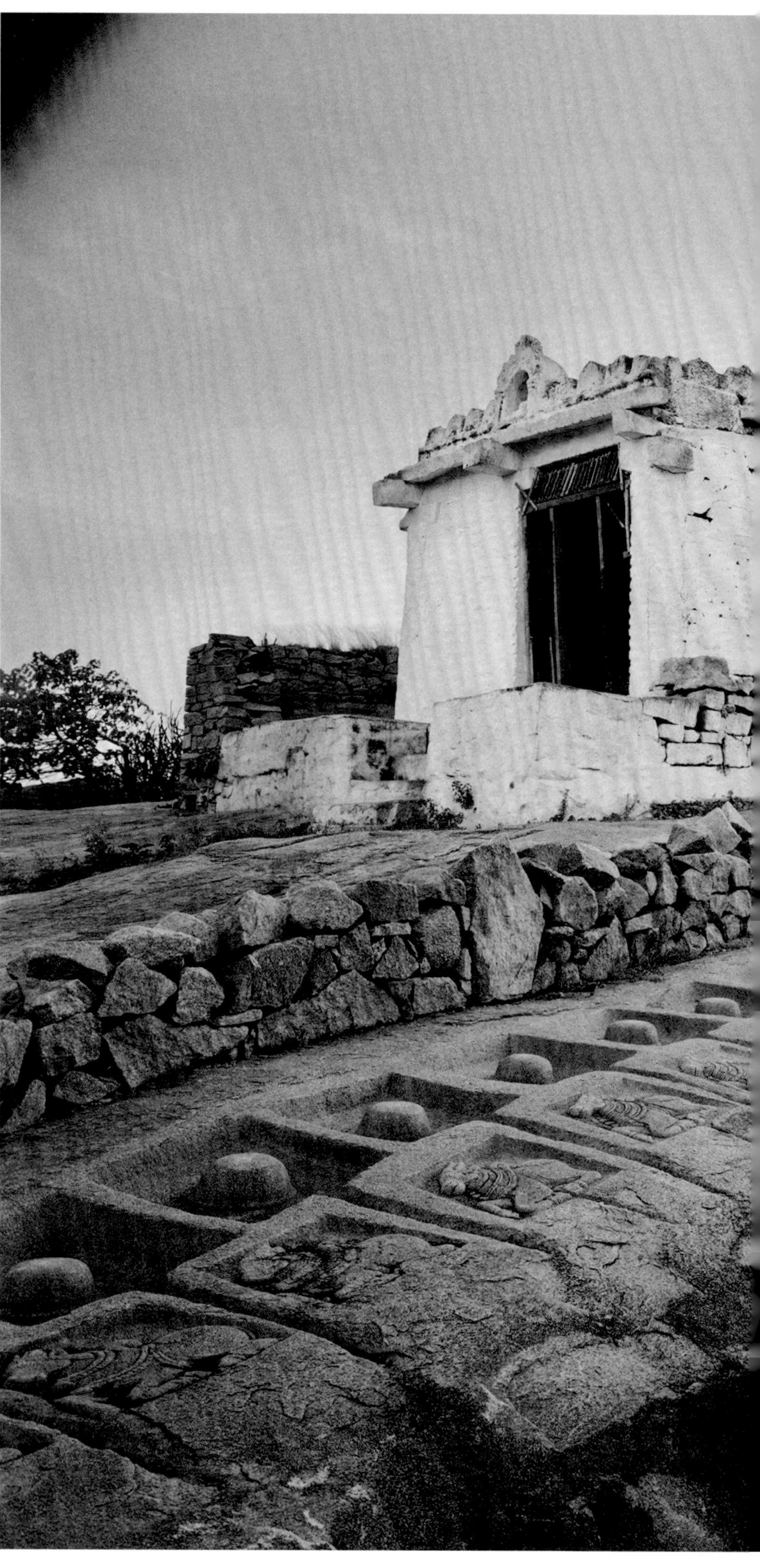

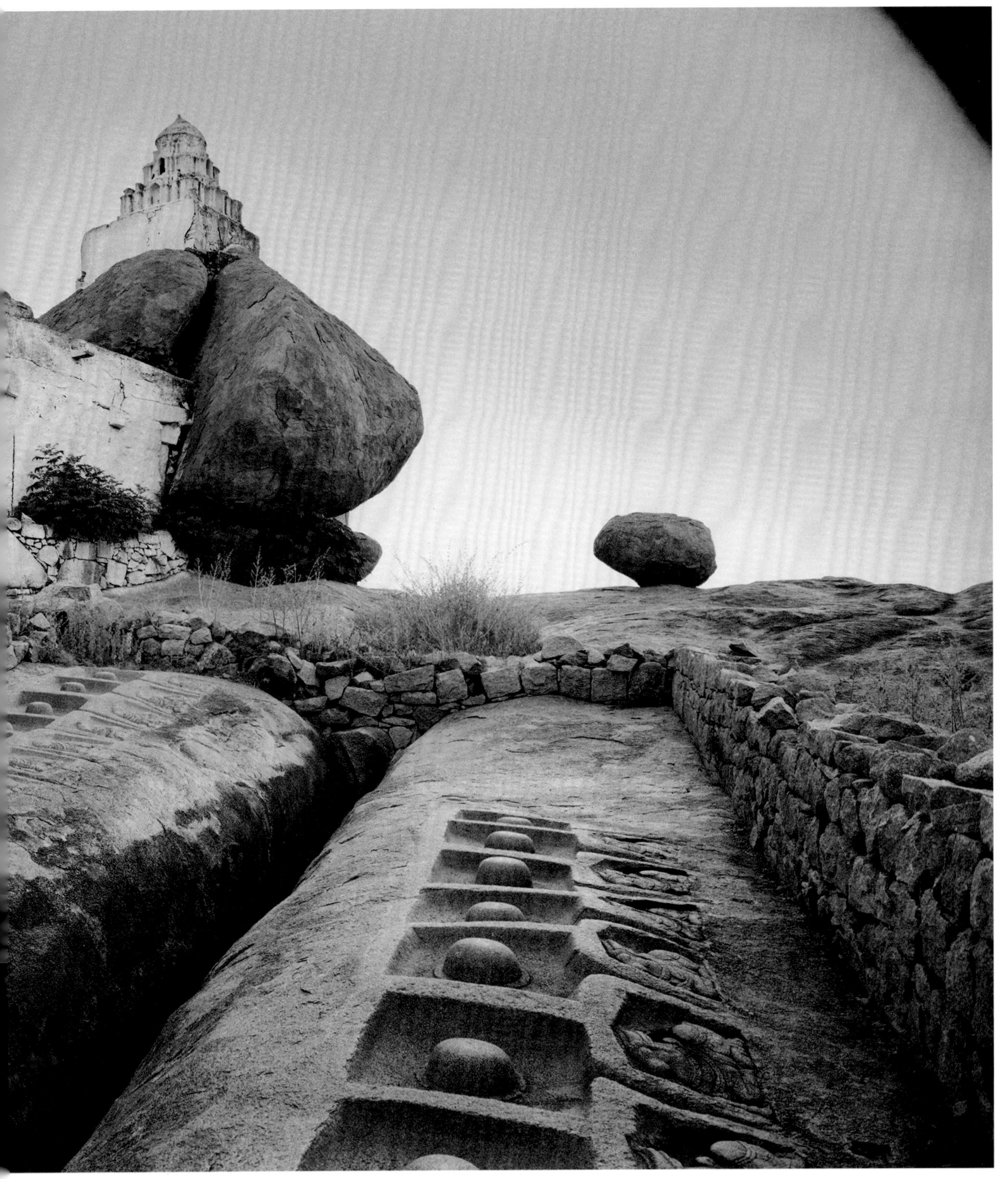

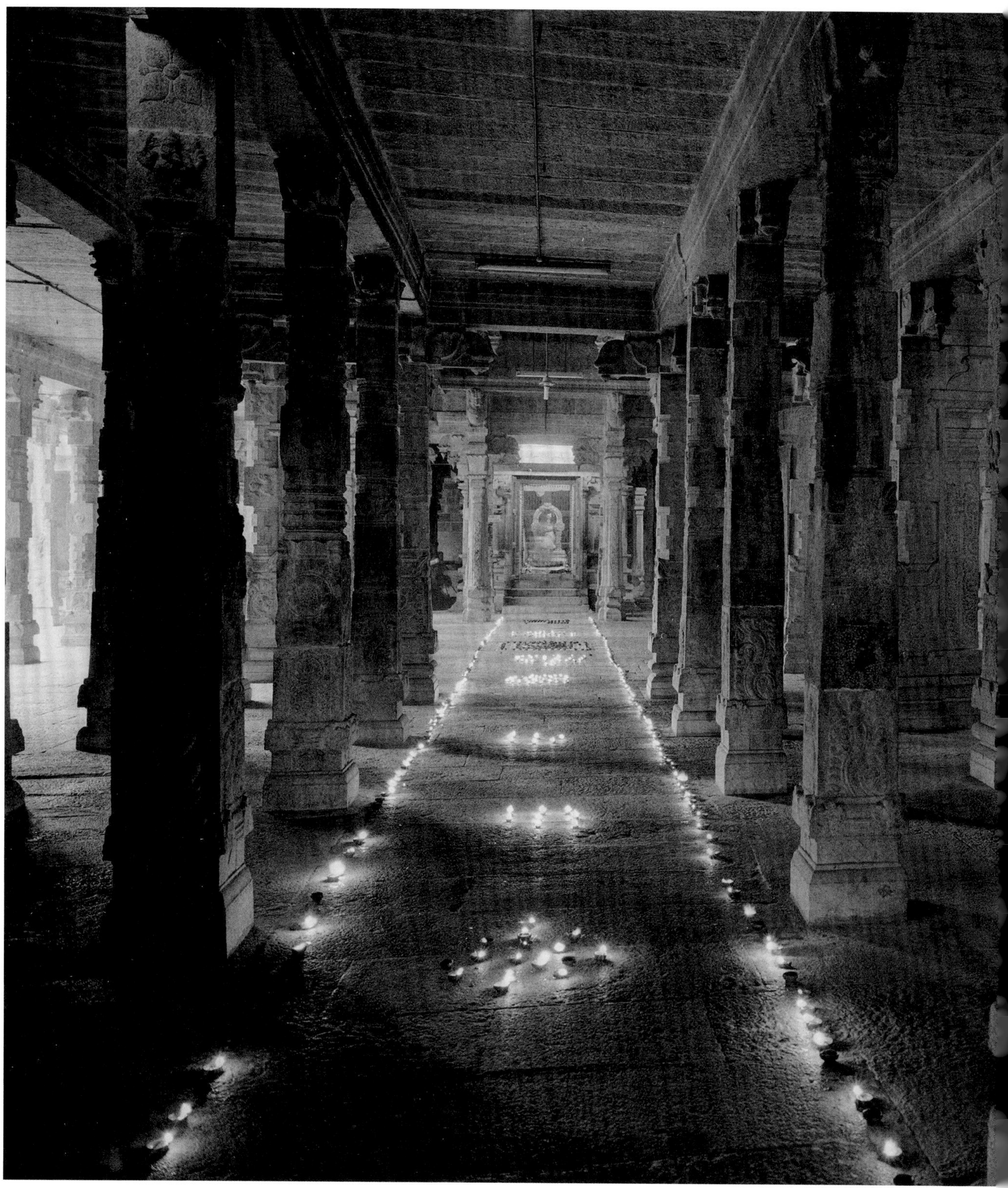

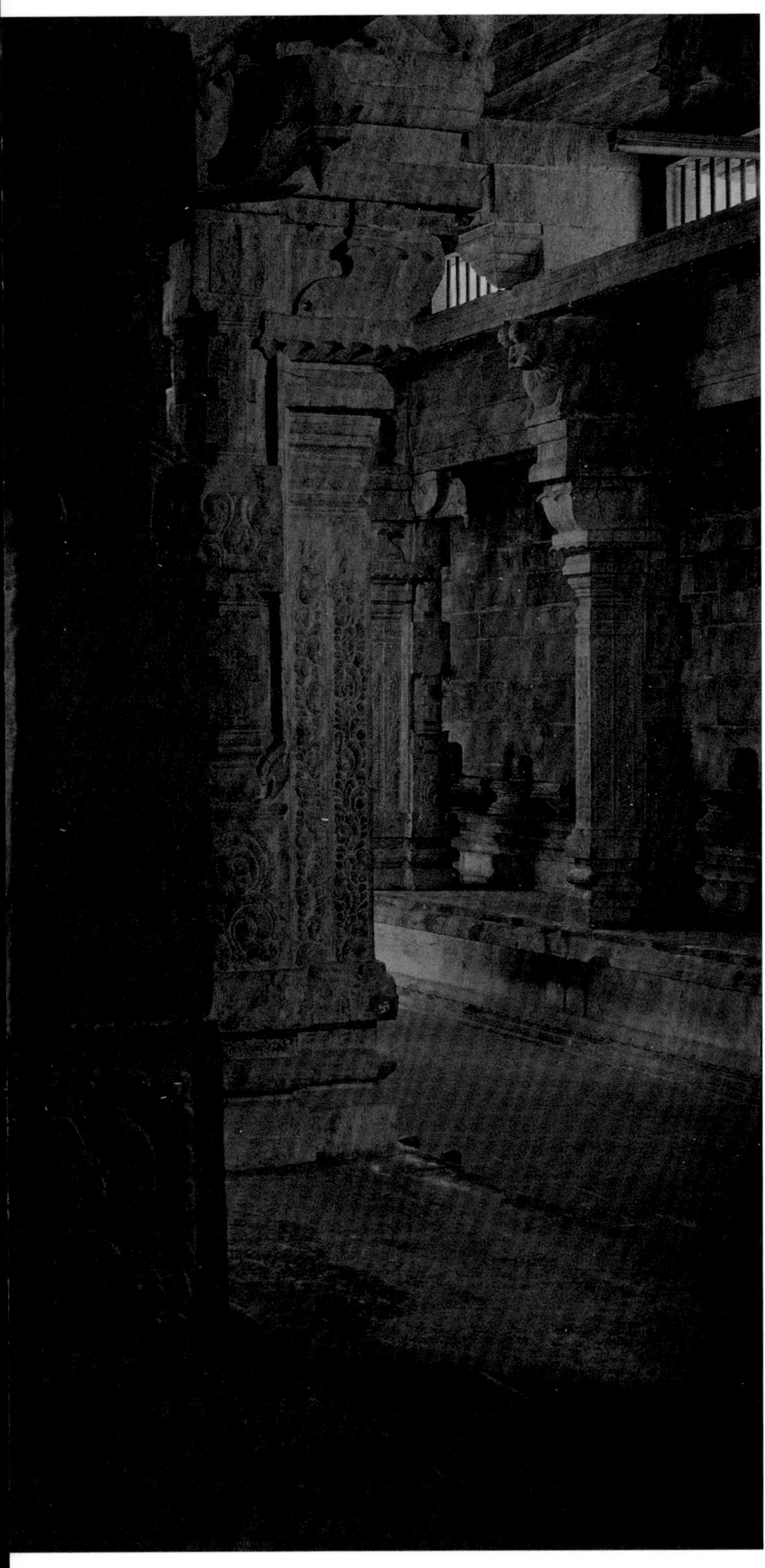

Tempio di Ekambaranathar, Kanchipuram, India
Ekambaranathar Temple, Kanchipuram, India
2012

Monte Bhagirathi, Gangotri, India
Mount Bhagirathi, Gangotri, India
2009

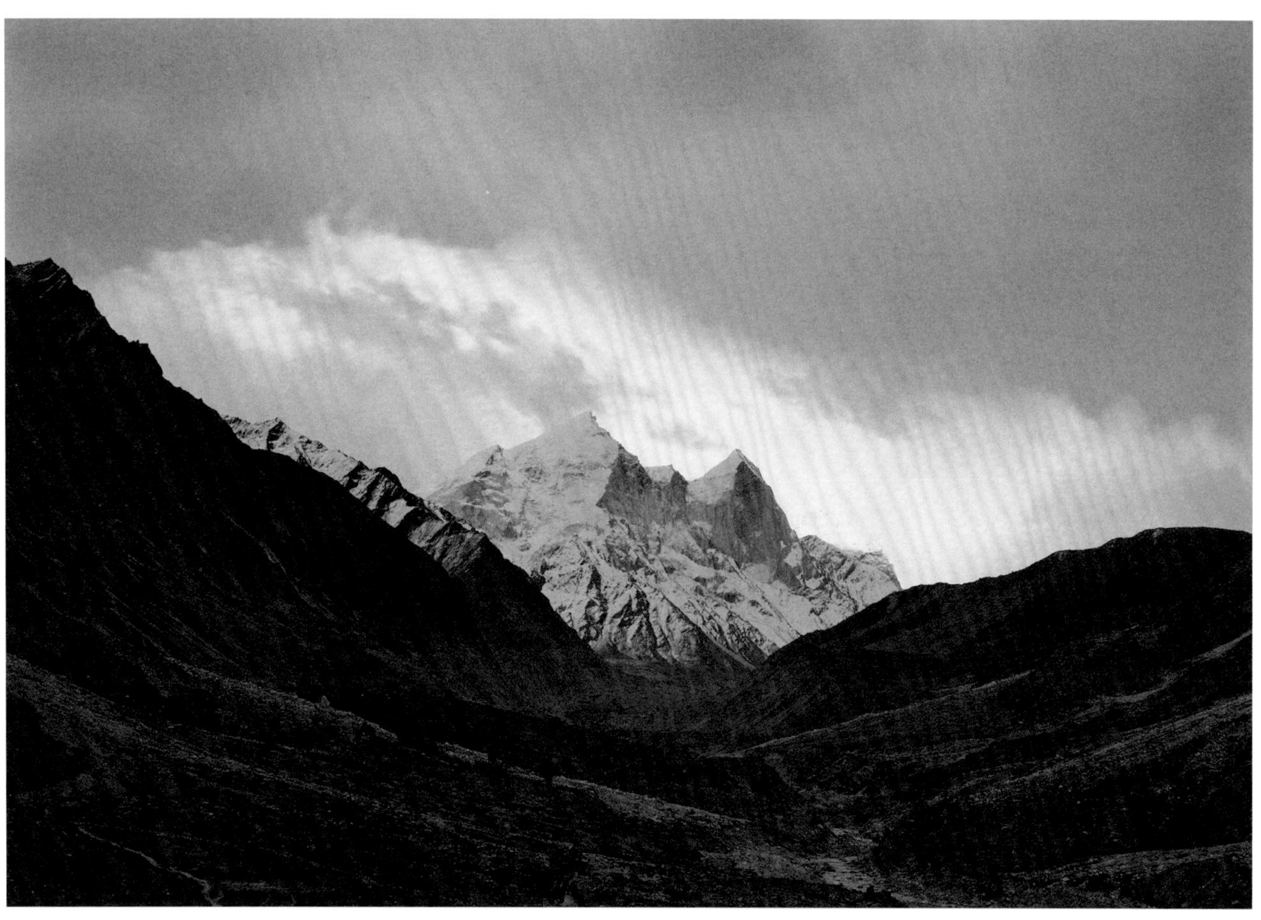

Monte Kailash, la montagna sacra, Tibet
Mount Kailash, the holy mountain, Tibet
2000

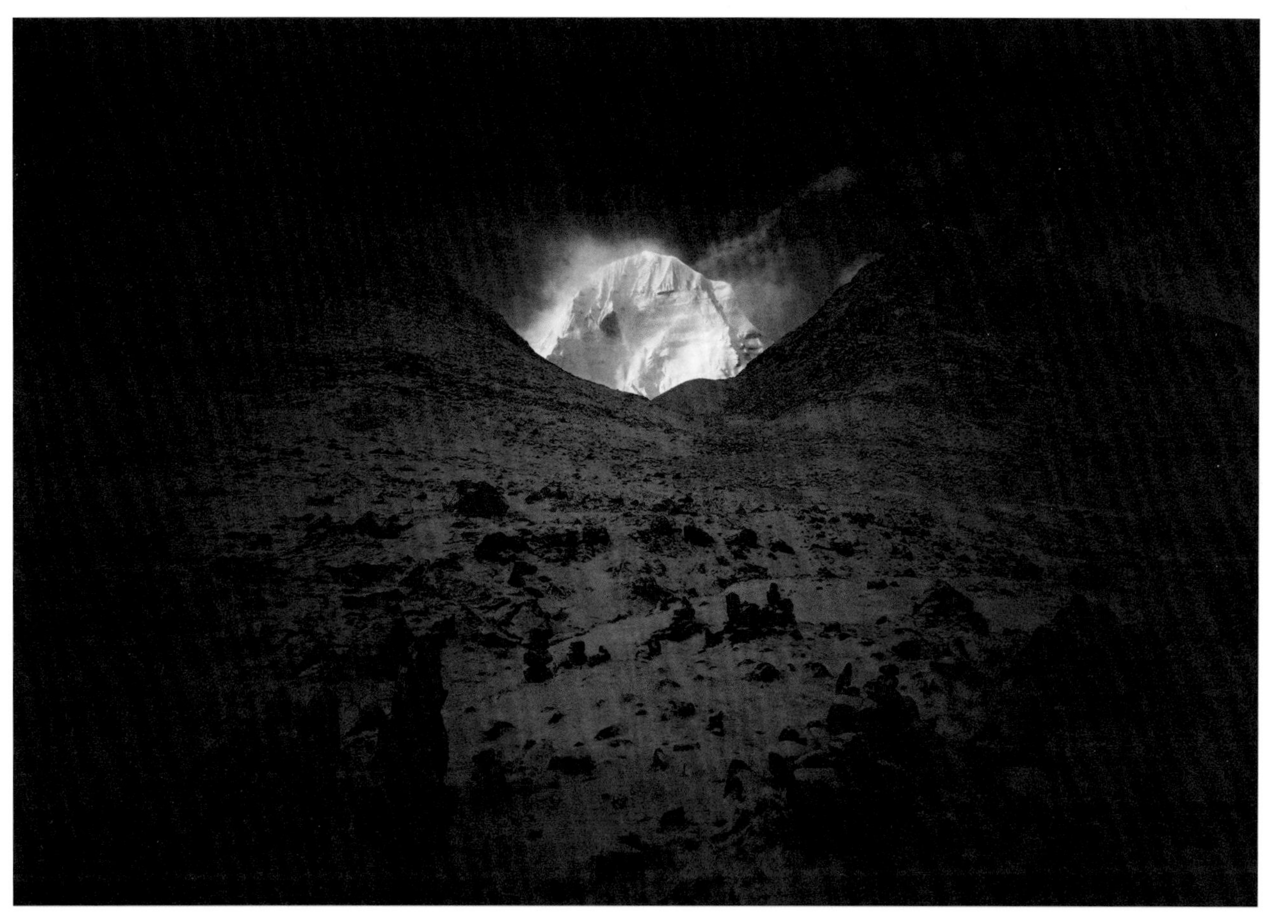

Manikarnika Ghat, Varanasi, India
Manikarnika Ghat, Varanasi, India
2015

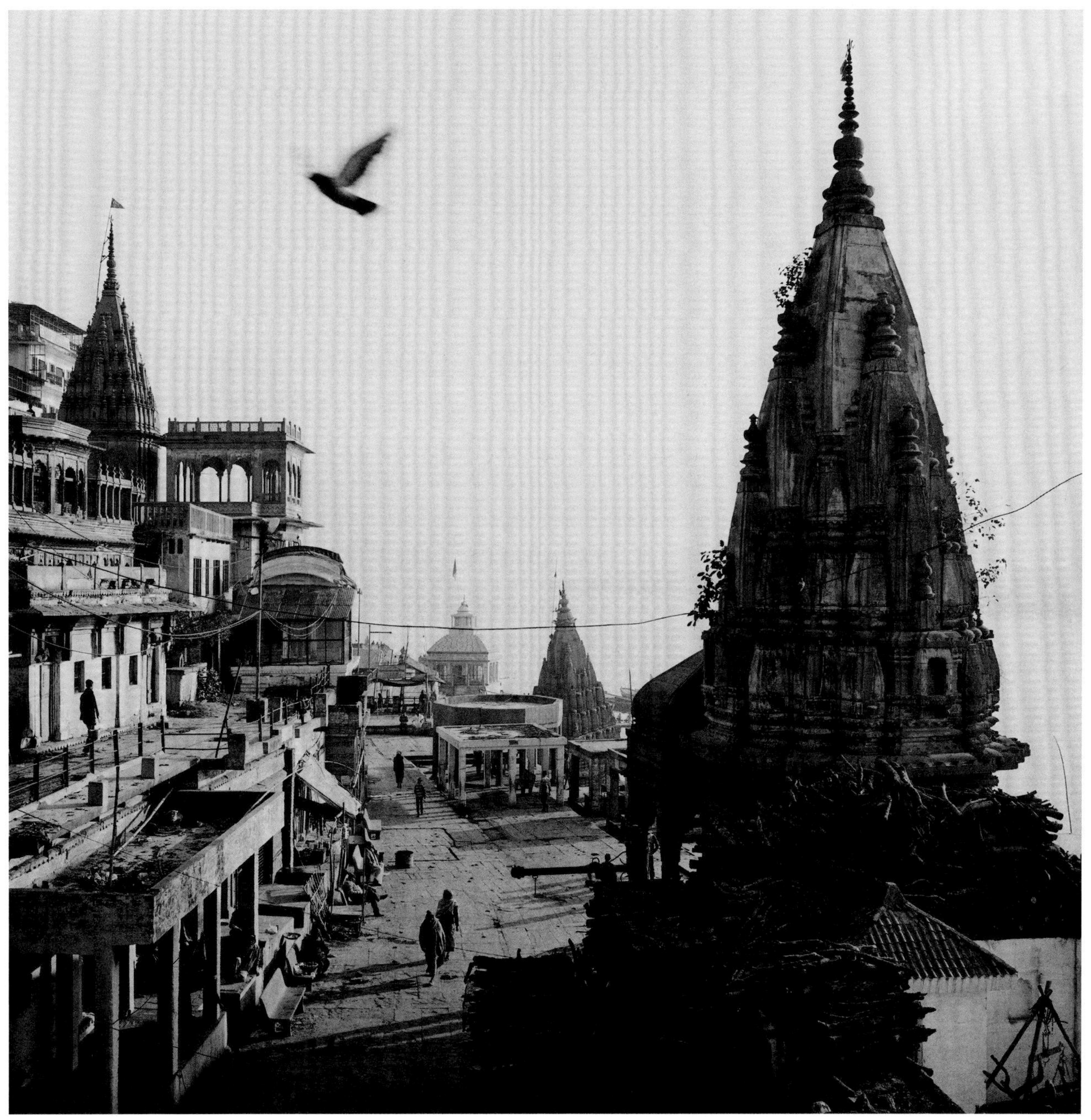

Alba sul Kumbh Mela, Allahabad, India
Dawn on Kumbh Mela, Allahabad, India
2013

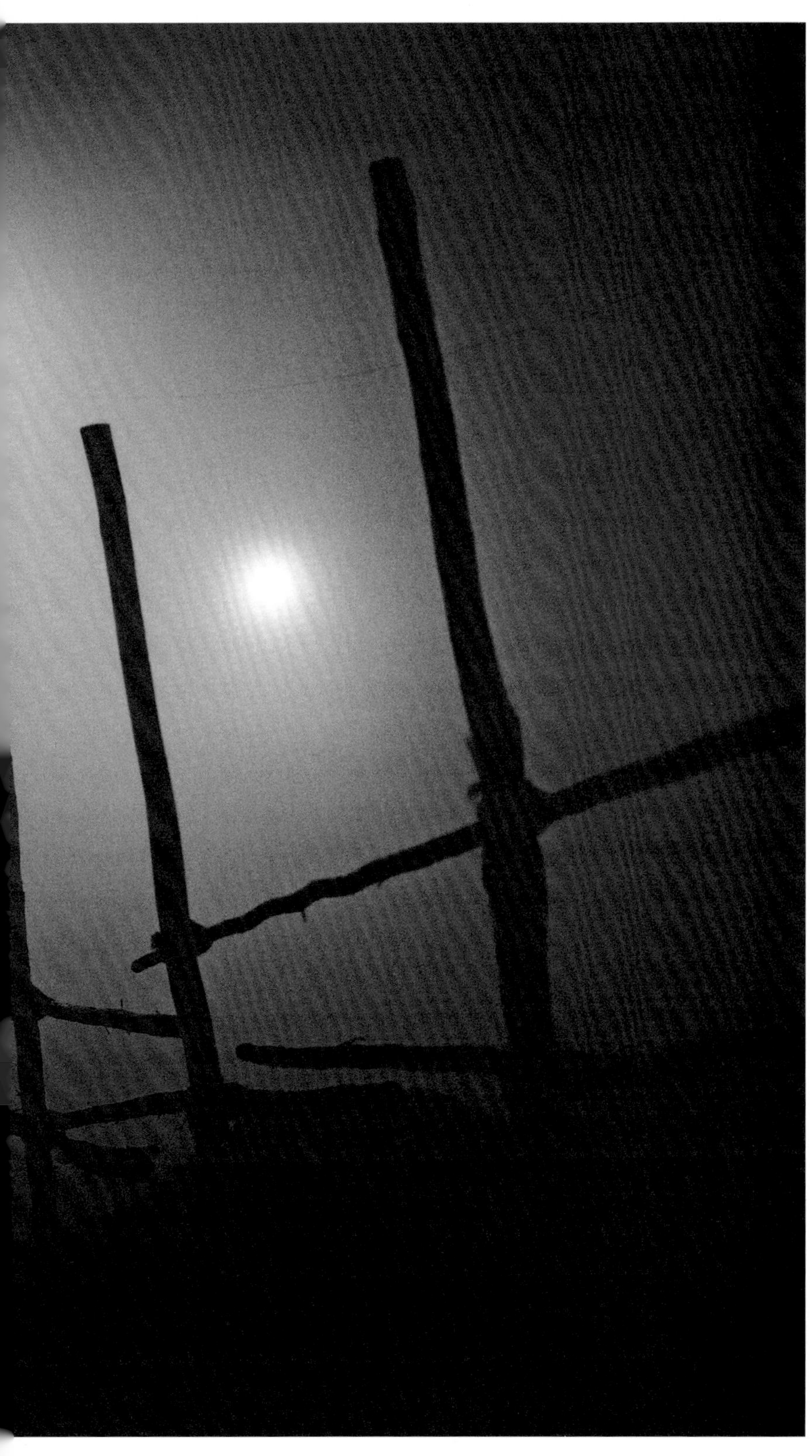

Vita nel ghat, Vrindavan, India
Ghat life, Vrindavan, India
2014

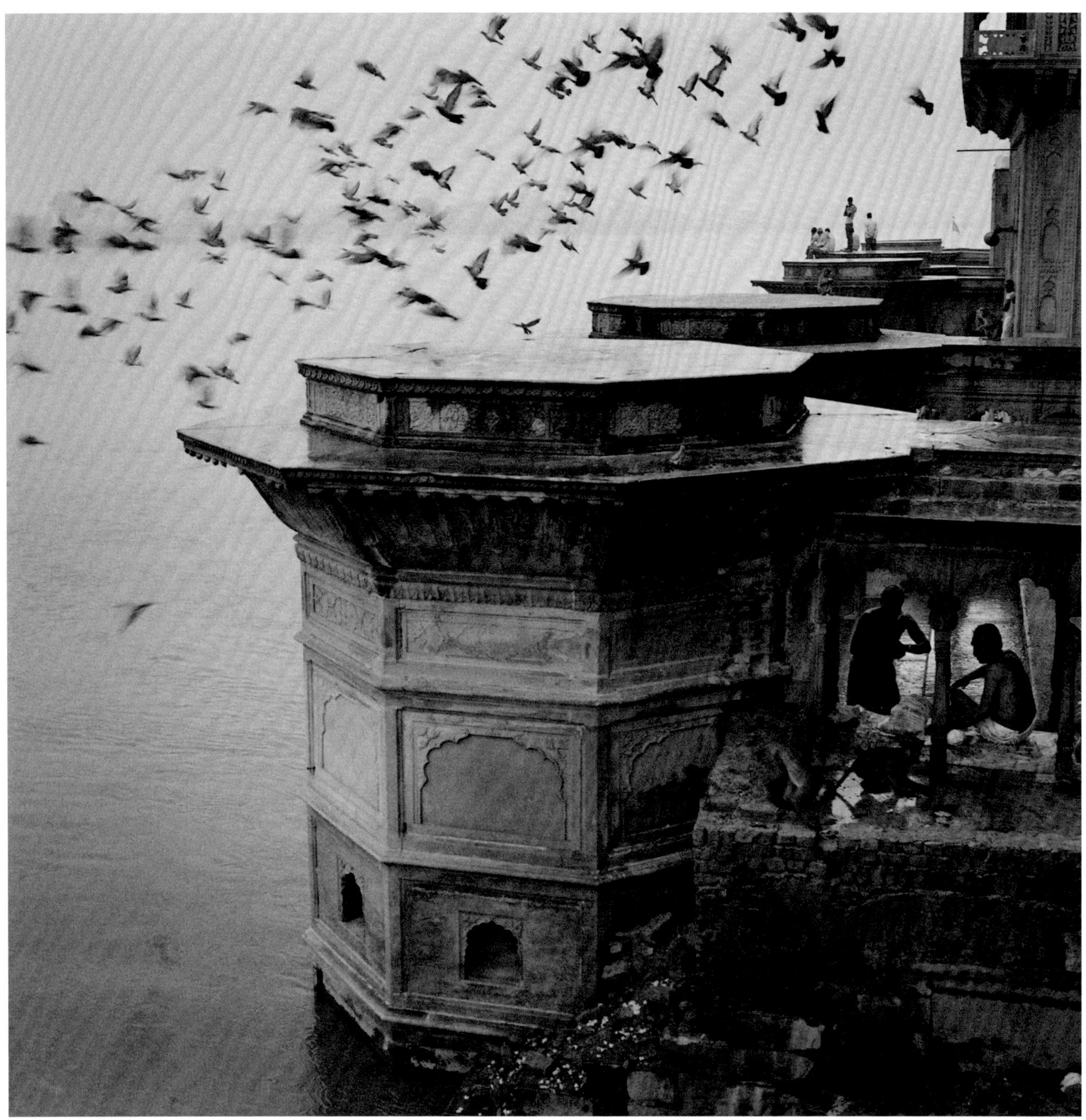

Inondazione nel Manikarnika Ghat, Varanasi, India
Flood stage of Manikarnika Ghat, Varanasi, India
2015

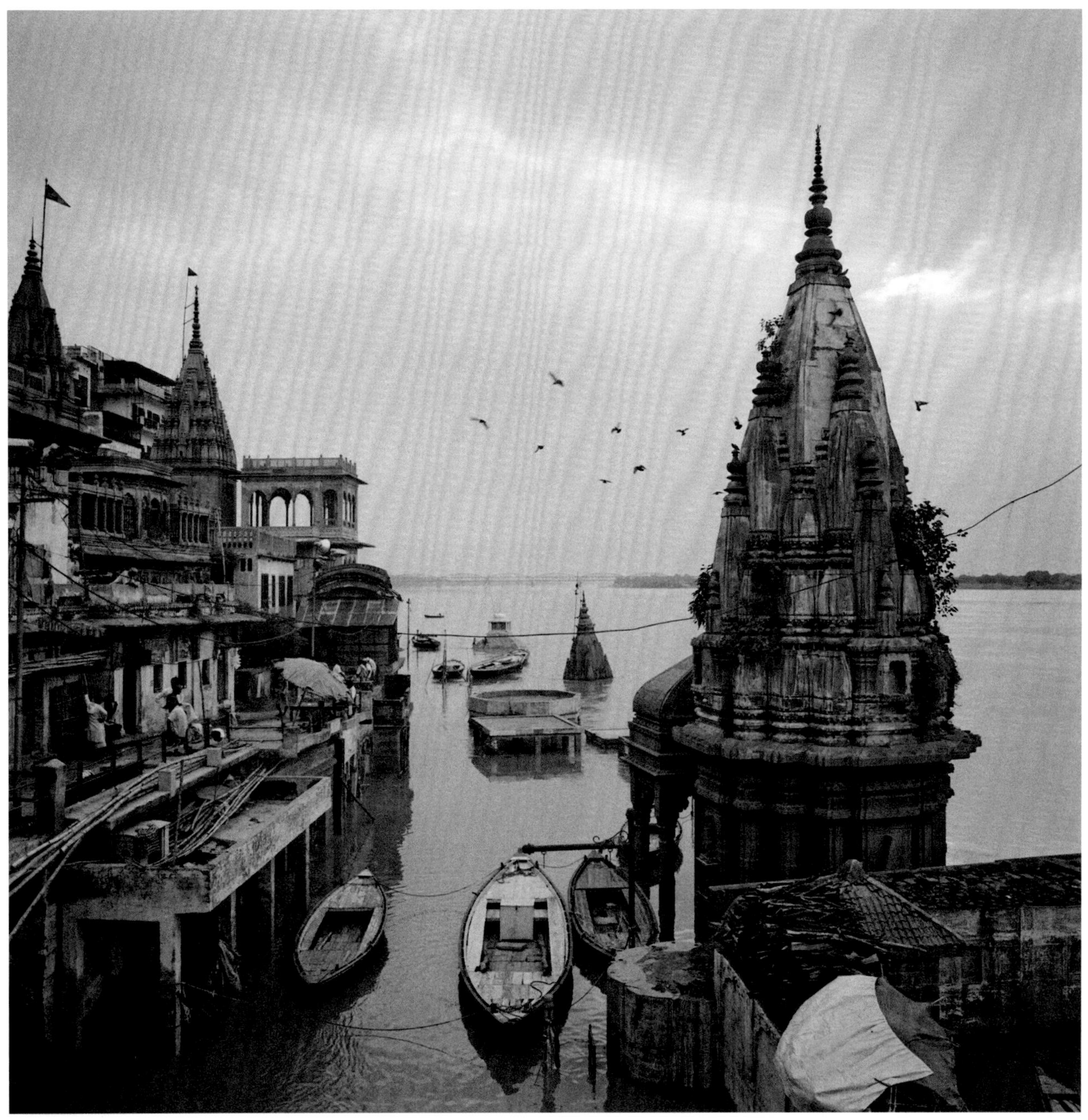

Vecchio edificio nel ghat, Varanasi, India
Old building at the ghat, Varanasi, India
2015

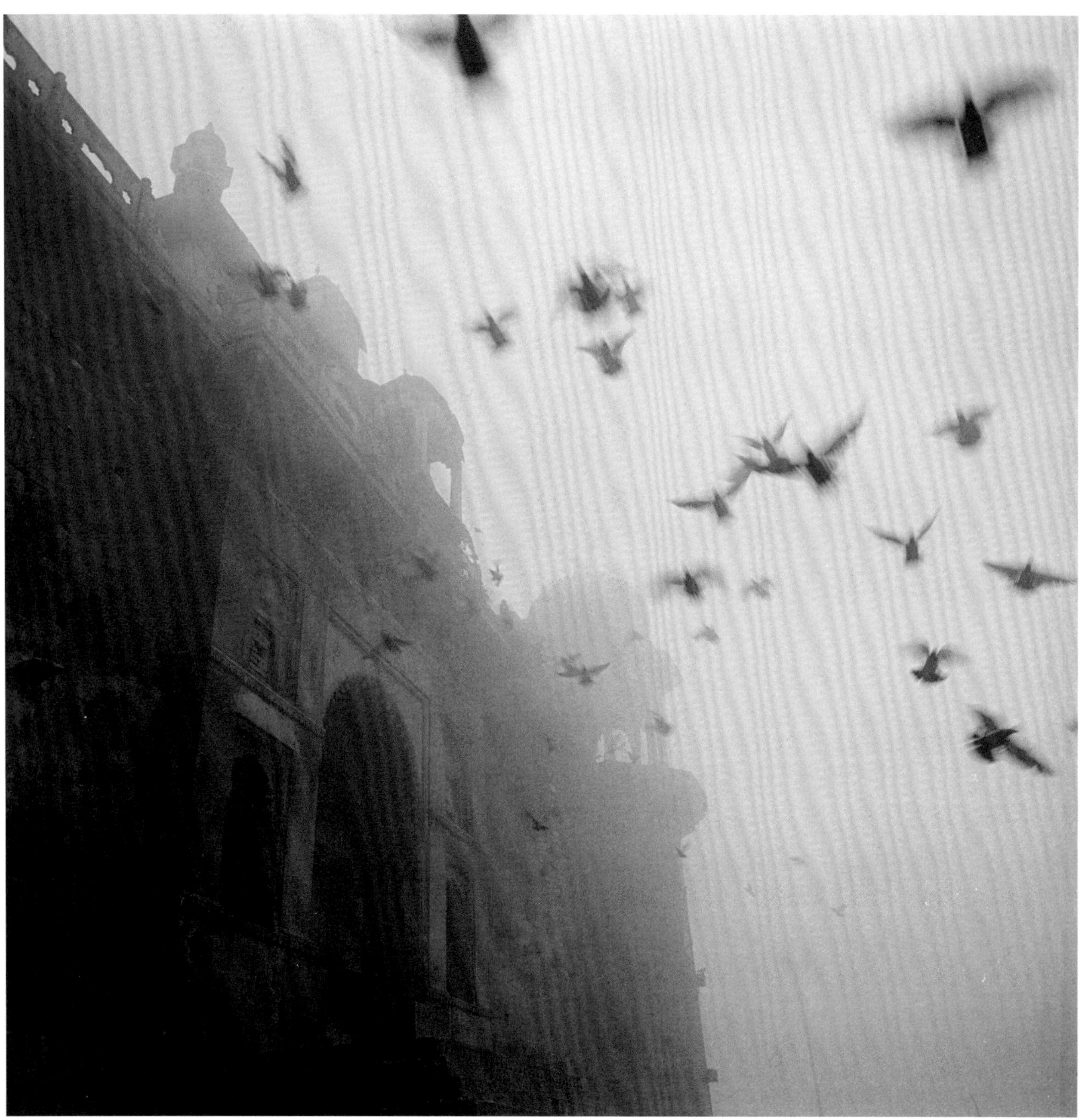

Uccello in volo sopra le pire della cremazione,
Varanasi, India
A bird over cremation fires, Varanasi, India
2015

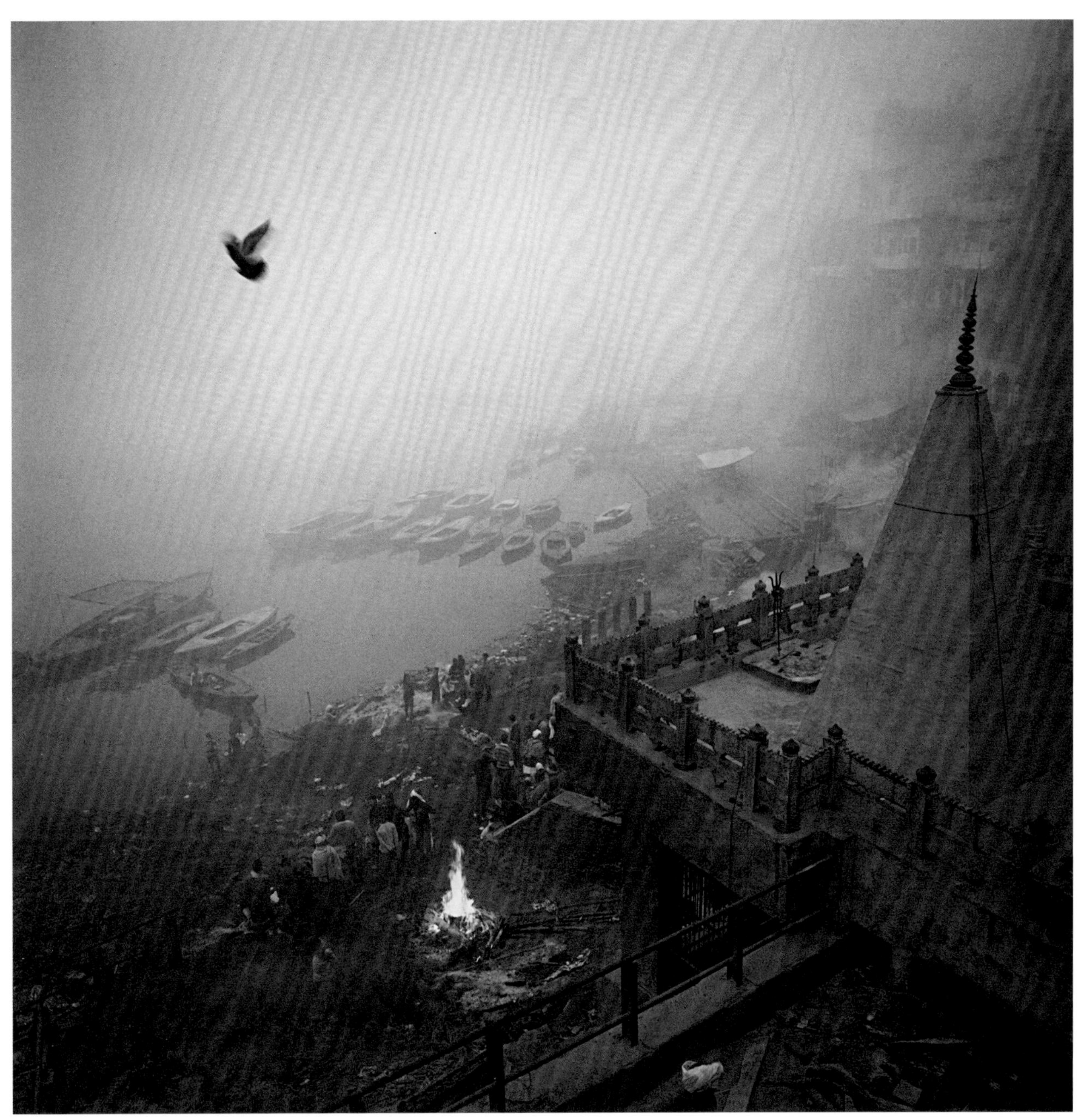

Grotta di Pak Ou sul fiume Mekong, Luang
Prabang, Laos
**Pak Ou cave along the river Mekong, Luang
Prabang, Laos**
2014

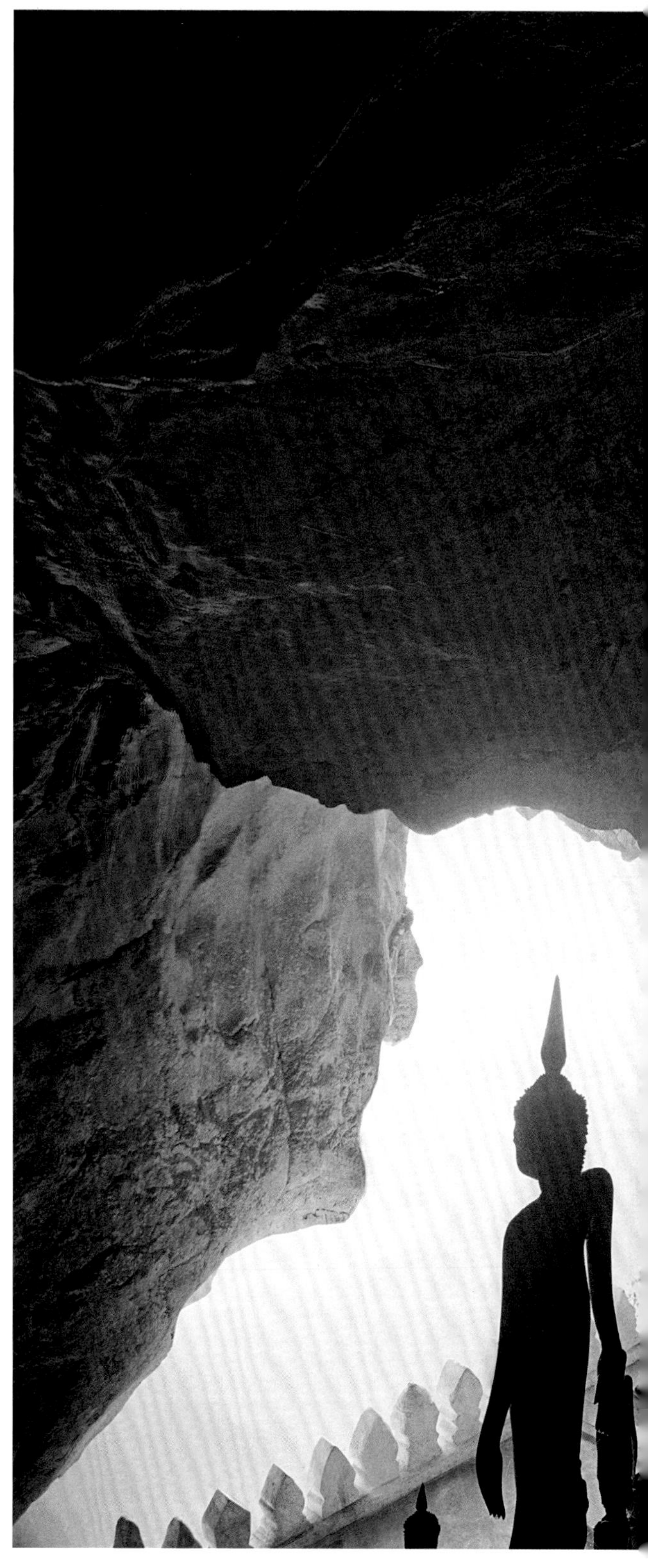

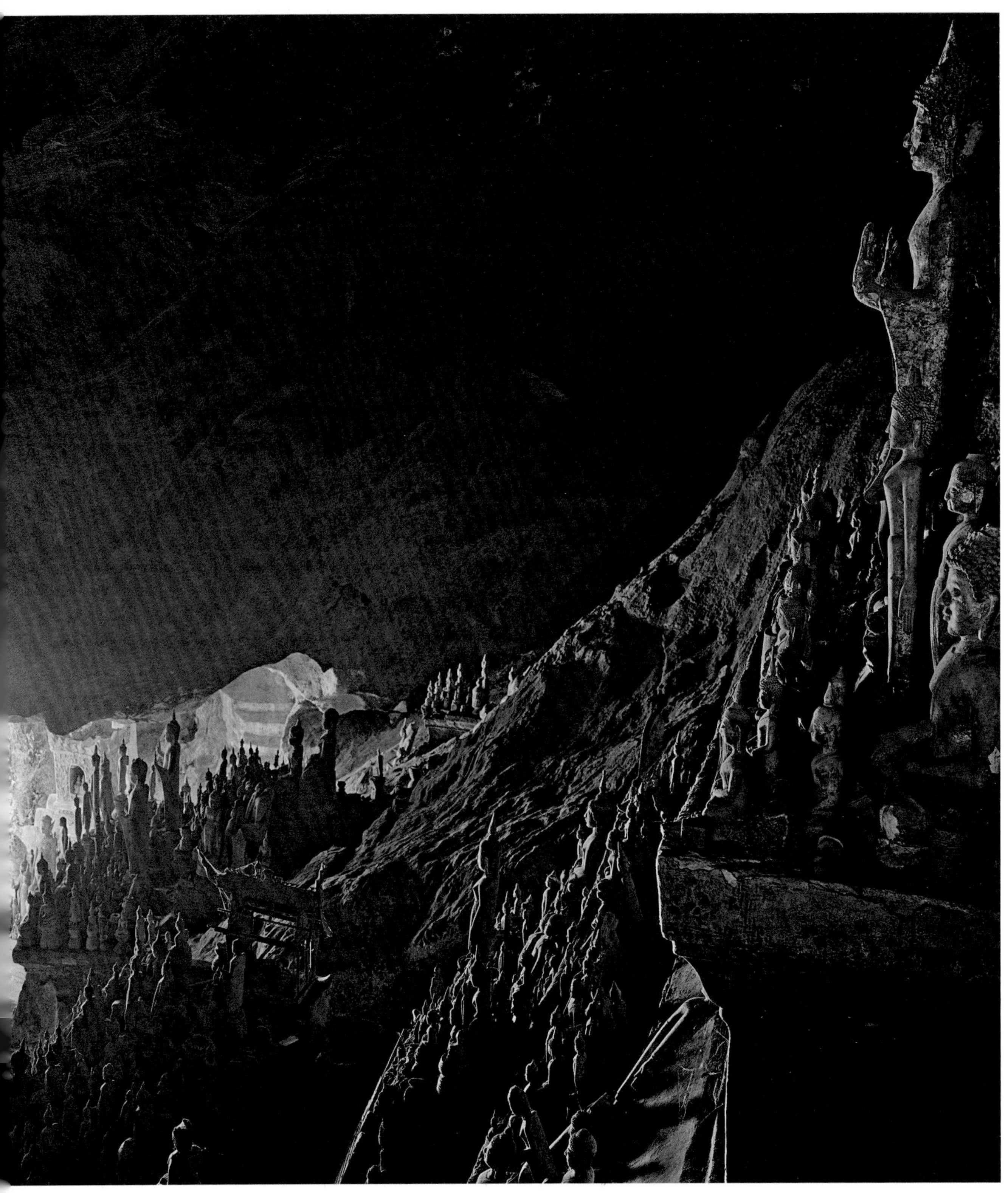

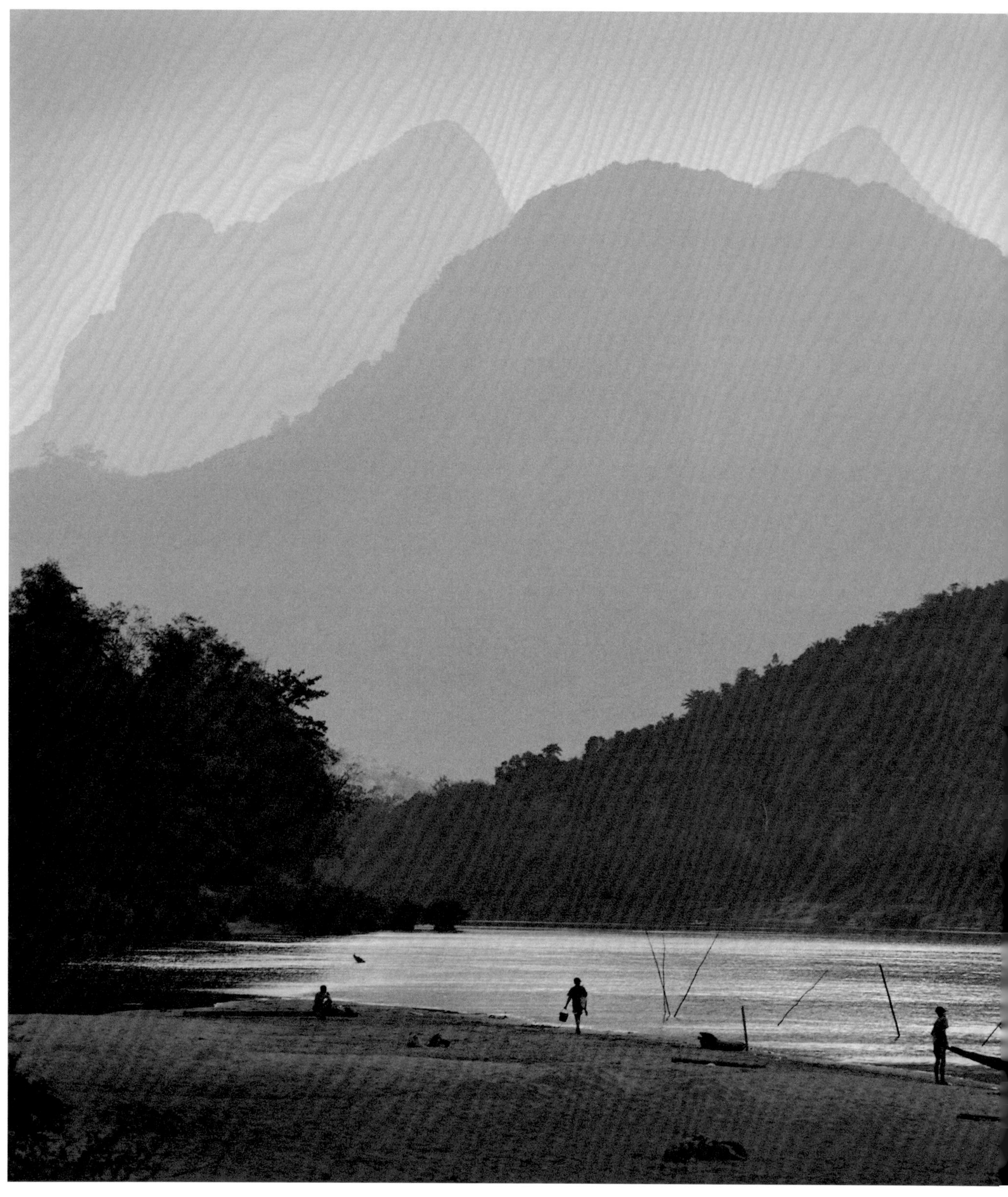

Tramonto sul fiume Nam Ou, nei pressi
di Nong Khiaw, Laos
Sunset on Nam Ou river, near Nong Khiaw, Laos
2014

Un villaggio di Vang Vieng, Laos
A village of Vang Vieng, Laos
2014

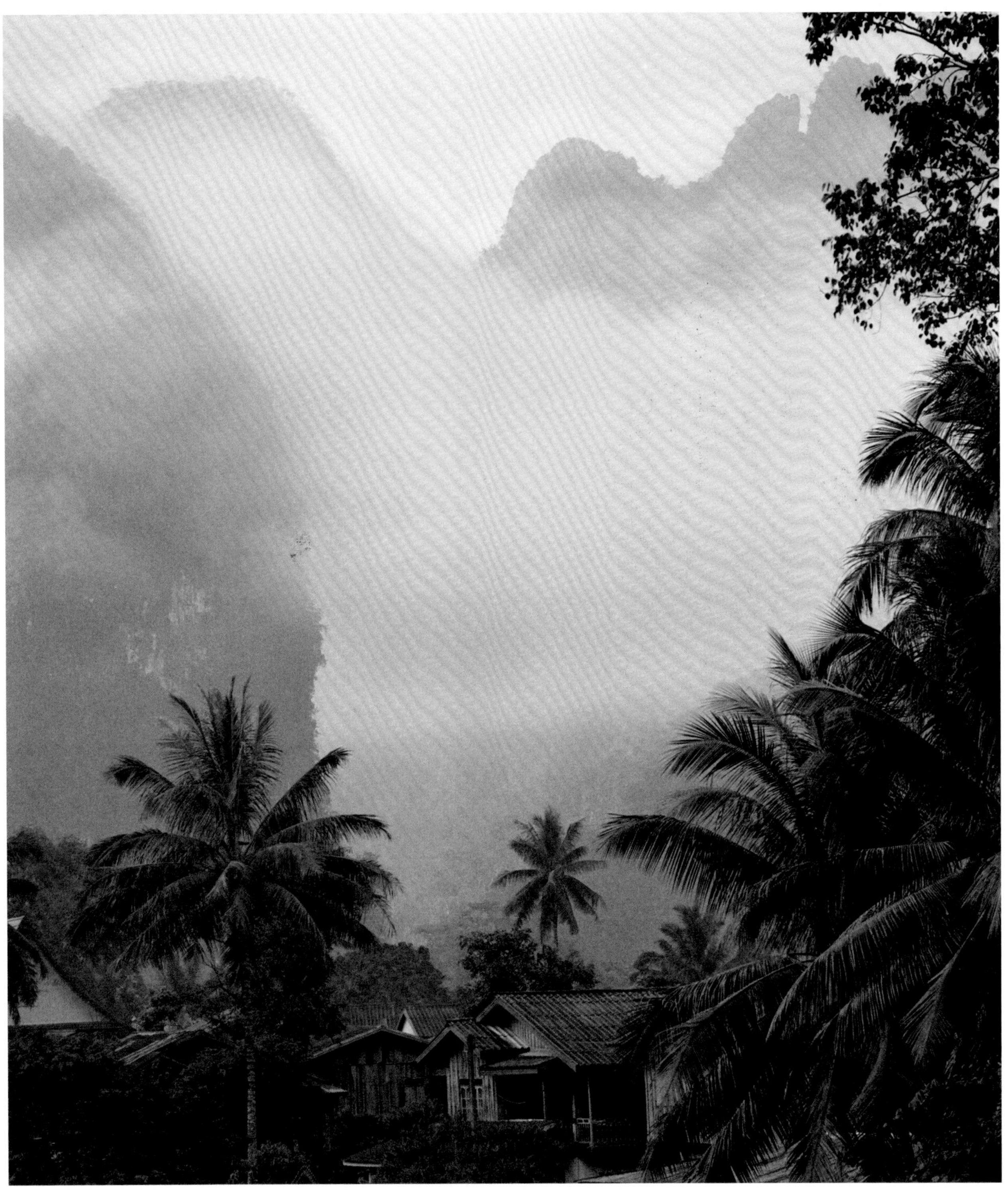

Bacino e antica torre di avvistamento, Fuzhou,
provincia di Jiangxi, Cina
**Reservoir and old watch tower, Fuzhou,
Jiangxi Province, China**
2018

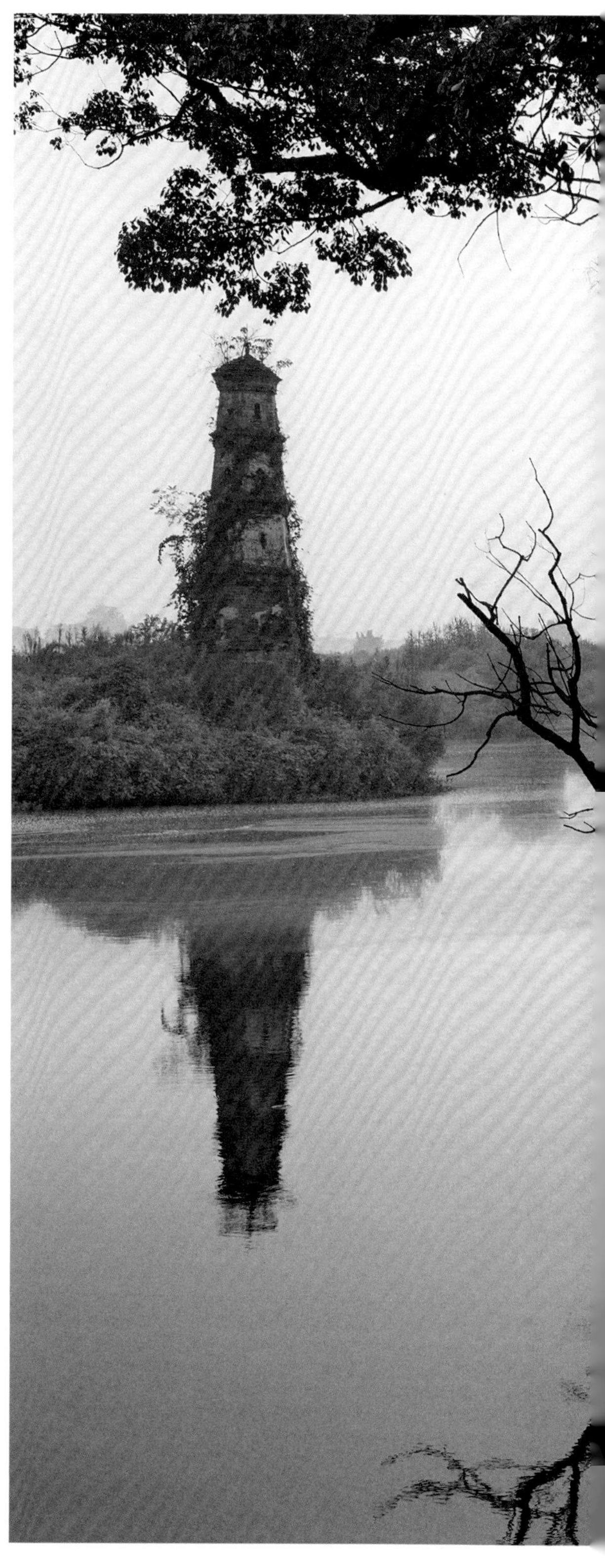

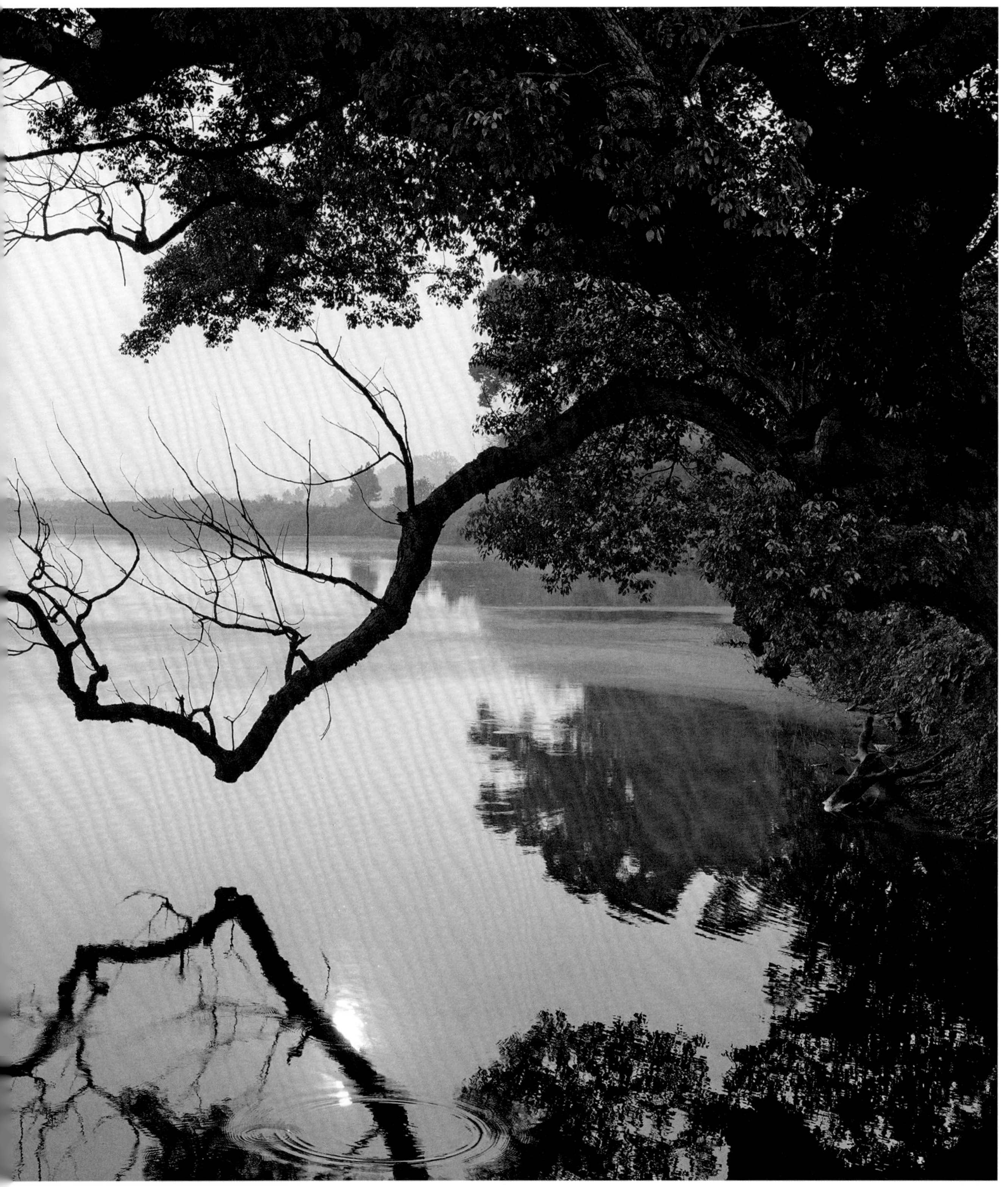

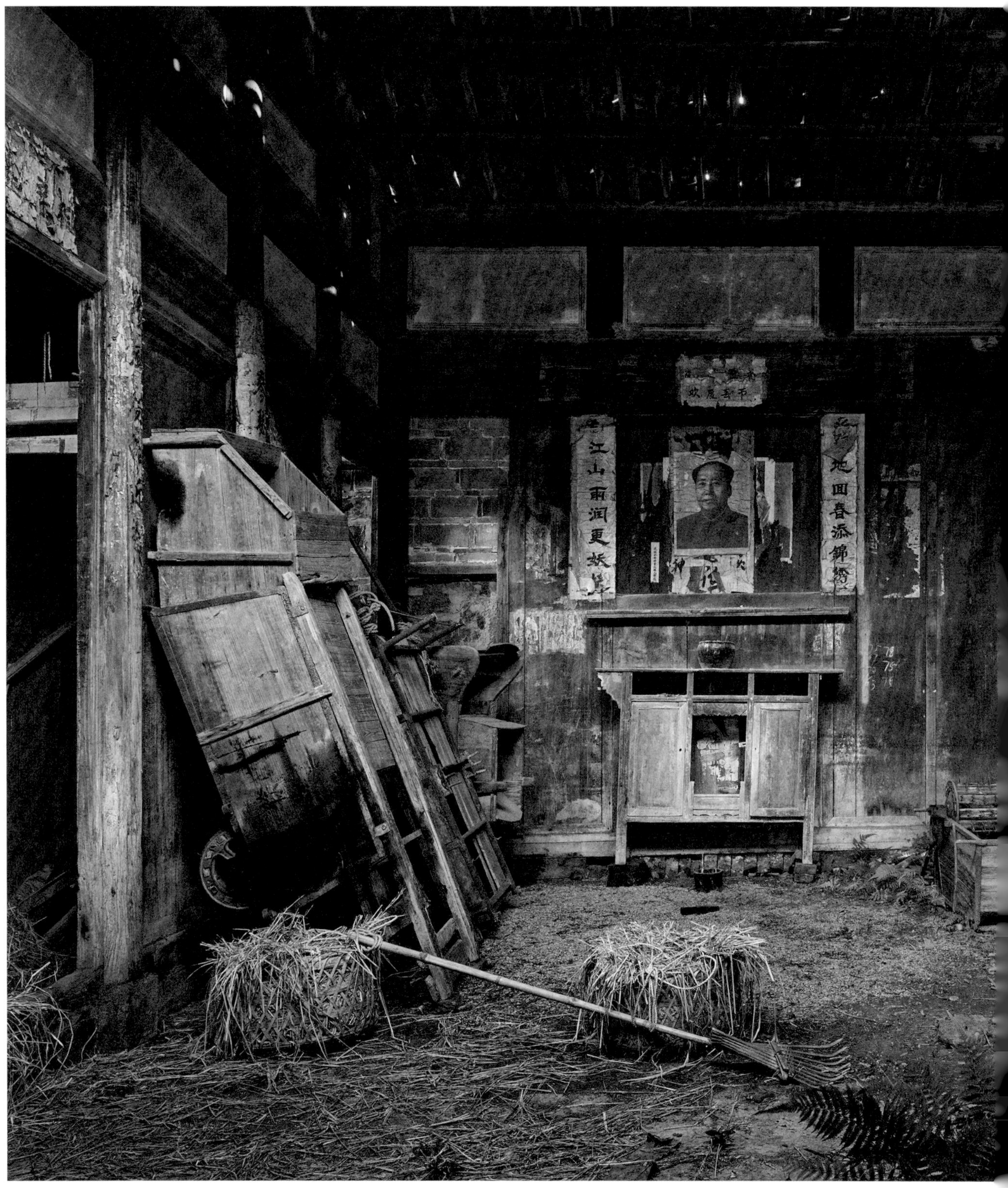

江山一雨润更妩
地回春添锦绣

Vecchia casa con poster di Mao Tse-tung,
Fuzhou, provincia di Jiangxi, Cina
**Old house with a poster of Mao Zedong,
Fuzhou, Jiangxi Province, China**
2017

Vecchia dimora e il suo proprietario, Fuzhou,
provincia di Jiangxi, Cina
**Old mansion and its master, Fuzhou, Jiangxi
Province, China**
2019

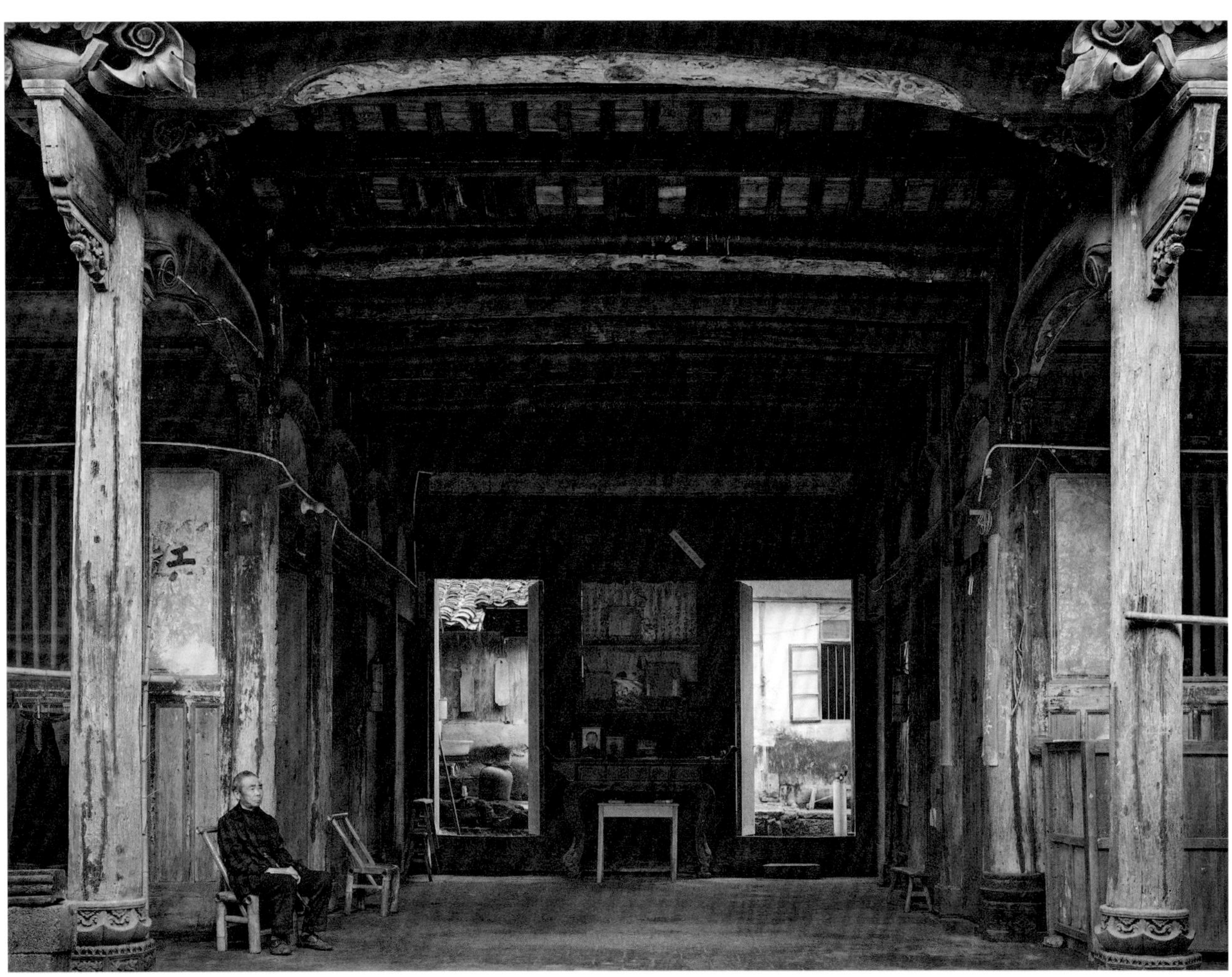

Vecchia dimora e il suo proprietario, Fuzhou,
provincia di Jiangxi, Cina

Vecchia dimora con l'unica inquilina, Fuzhou,
provincia di Jiangxi, Cina
**Old mansion with the lone resident, Fuzhou,
Jiangxi Province, China**
2018

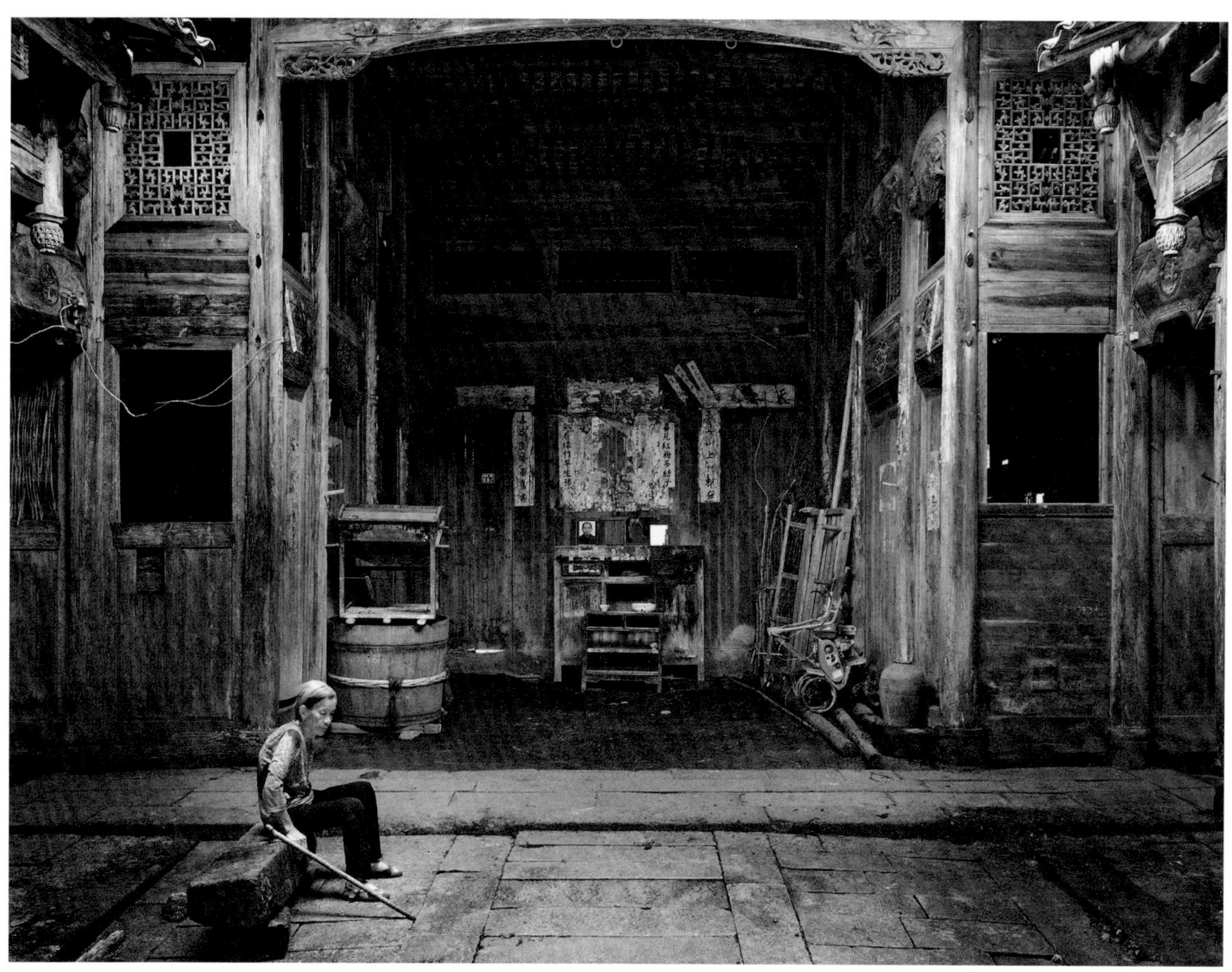

Il lago artificiale creato da una nuova diga.
La scuola superiore che si trovava in questo luogo
è stata sommersa dall'acqua, Fuzhou,
provincia di Jiangxi, Cina
The reservoir created by a new dam.
The former high school is now under the water.
Fuzhou, Jiangxi Province, China
2018

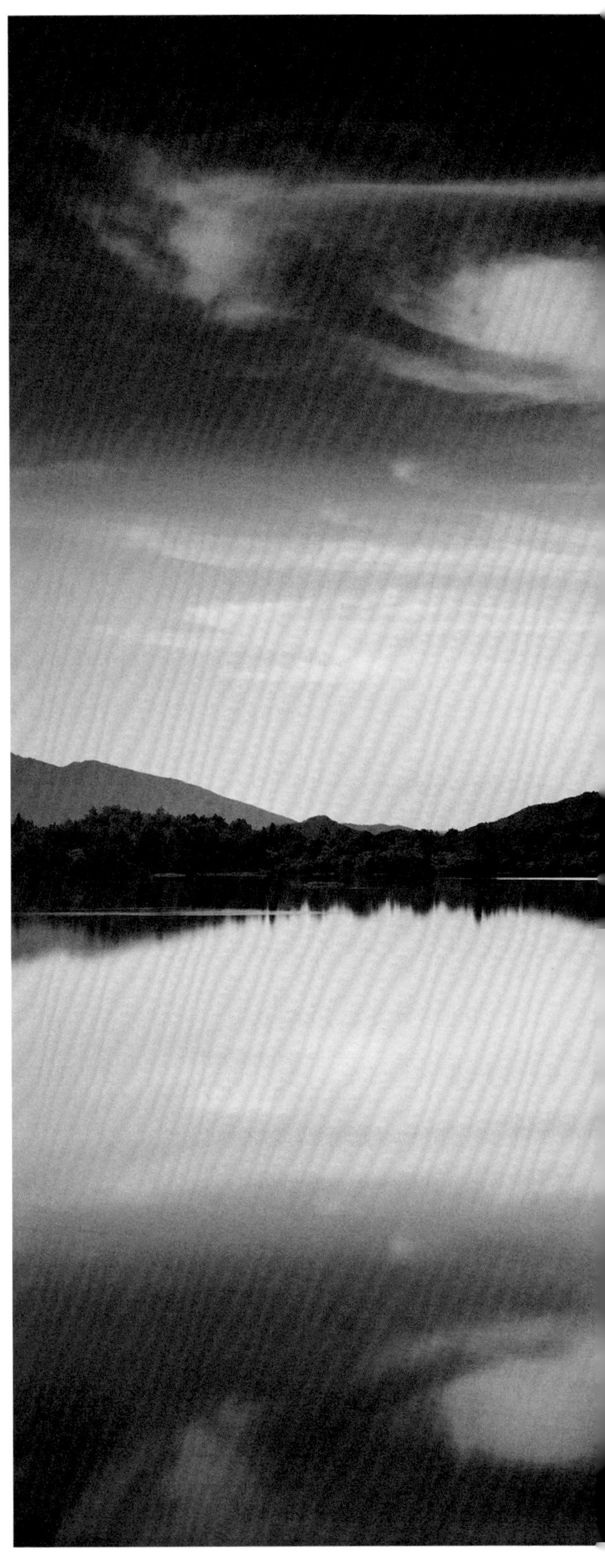

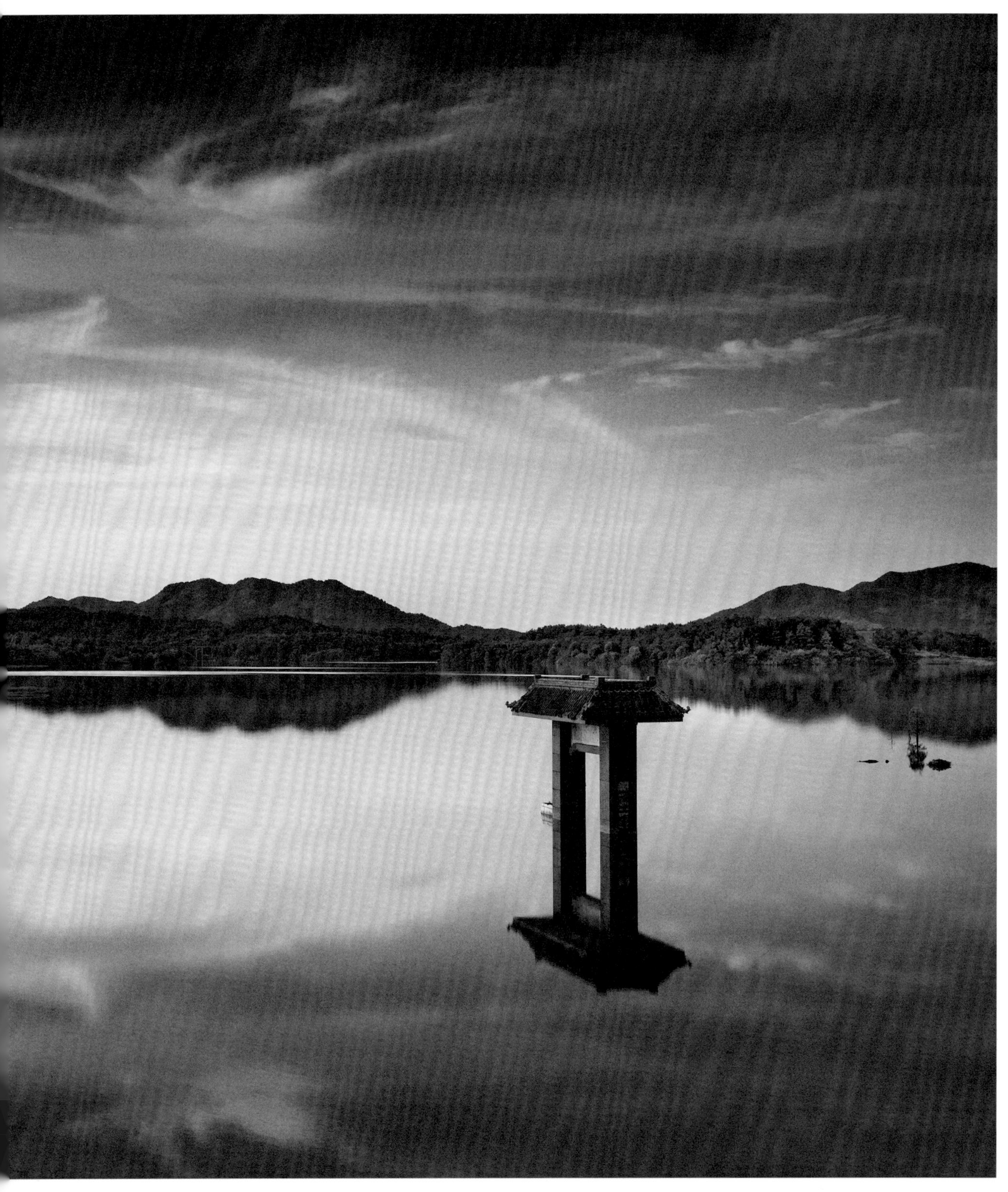

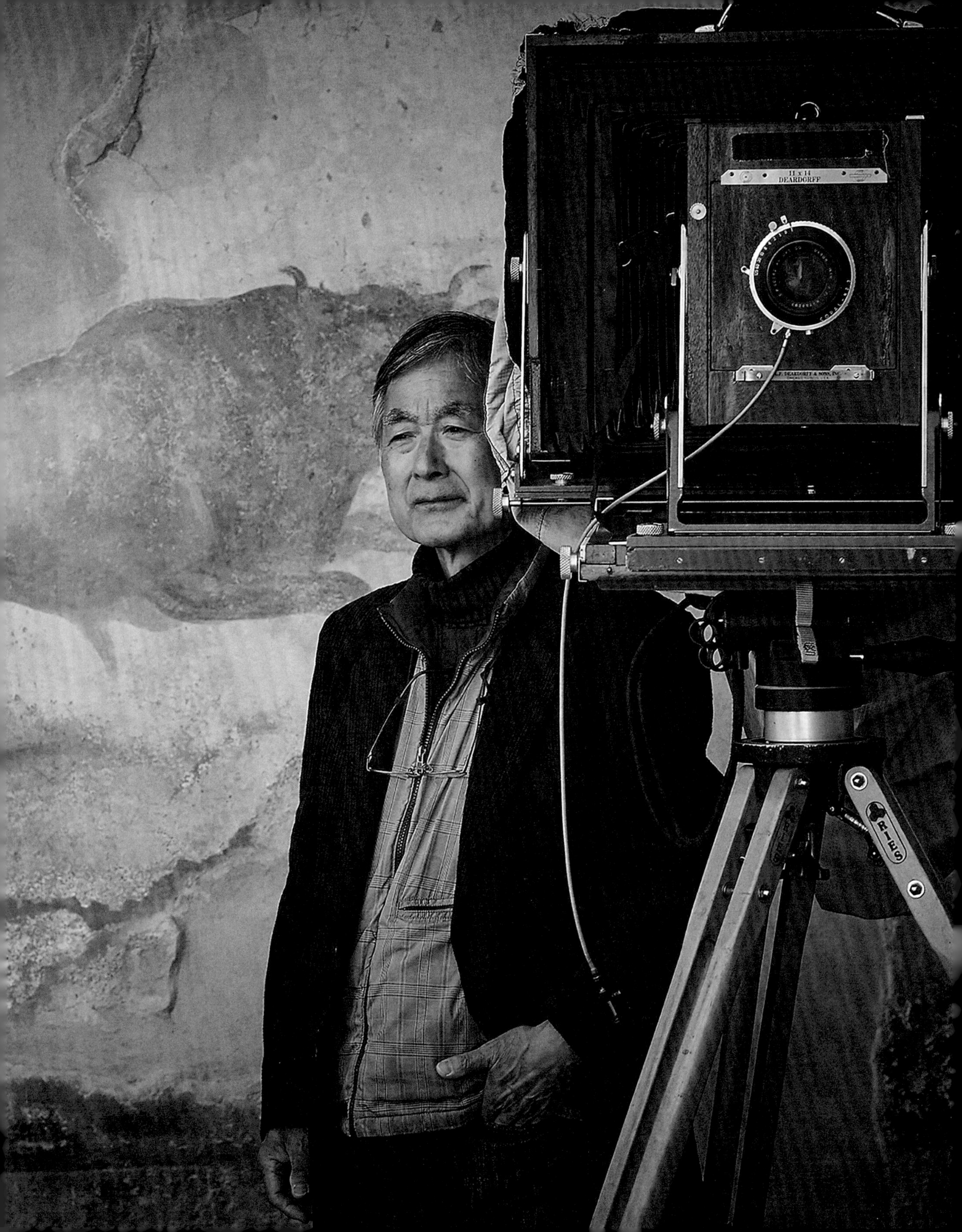

11 x 14
DEARDORFF
RIES

LUOGHI SACRI E SACRA INTERIORITÀ
SACRED PLACES AND SACRED WITHIN

Kenro Izu

Febbraio 1997 – ero seduto sulla riva del fiume Gange a Varanasi, in India.
Per la prima volta stavo assistendo alla cremazione di un cadavere.

Si dice che tutti i devoti induisti sognino di essere cremati sulle rive del sacro fiume Gange. L'intera cerimonia – dal momento in cui il corpo, ricoperto di tessuti e fiori colorati, venne trasportato all'esterno fino a quando uno degli anziani della famiglia gettò gli ultimi resti nel fiume – durò all'incirca tre ore e 30 minuti.
Dopo che la famiglia se ne fu andata, chiacchierando animatamente, arrivò un inserviente per spazzare via le ultime ceneri dal luogo della cremazione.
Non rimaneva più nulla.

Quella sera, rimasi nei pressi di un tempio hindu abbandonato che pareva piegarsi verso il fiume, e attesi il tramonto. Lentamente mi si avvicinò una mucca, animale considerato sacro in India, e altrettanto lentamente se ne andò.
Sul fiume scivolavano alcune barche di piccole dimensioni. E mentre gli ultimi raggi del sole al tramonto si posavano sul tempio, percepii ancora una volta "la sensazione".
Il rumore della strada alle mie spalle si attutiva nel momento stesso in cui lo percepivo.
Fu l'esperienza che iniziò a farmi vedere la morte in modo diverso.

February of 1997, I was sitting by the Ganges River in Varanasi, India.
I watched the cremation of a body for the first time in my life.

It is said that all devotees of Hinduism dream of being cremated on the banks of the holy Ganges River at Varanasi.
It took three hours and thirty minutes from the time that the body, covered in colorful fabric and flowers, was carried out until one of the family elders threw the last small remnants into the river.
After the family left, chatting cheerfully, a caretaker came and swept away the last of the ashes from the ground where the cremation was held.
Nothing has left.
That evening, I stood by an abandoned Hindu temple that leant out over the river while I waited for the sun to set. A cow, which is considered holy in India, slowly came, and went away. A few small boats drifted by on the river. As the last rays of the sinking sun hit the leaning temple, I experienced the "atmosphere" once more.
The noise from the street behind me faded as it came.
It was the experience started to view death differently.
10 years later, in March 2007, while I wait for a driver struggling to repair a broke-down Jeep, I fell into thoughts again, sat in the grass on the hill that overlook the Tongsa Valley in Bhutan.

Dieci anni dopo, nel marzo 2007, mentre aspettavo un autista intento a riparare la nostra Jeep in panne, mi persi di nuovo nei miei pensieri, seduto sul pendio erboso della collina che dominava la valle di Tongsa in Bhutan.

Il Tongsa Dzong[1] apparve fugacemente, una presenza vaga nella coltre di nubi e nebbia.

Il Bhutan è un piccolo stato con meno di 700.000 abitanti, posto sulla catena dell'Himalaya, tra India e Cina.

Una mattina mi recai a fotografare il Jackar Dzong a Bumthang, noto come "la fortezza dell'uccello bianco".

Lungo il tragitto attraversai un villaggio con le sue case affacciate sul cortile.

Una bambina si stava lavando i capelli nel ruscello.

Un raggio di sole mattutino attraversò il fumo che si levava dalle case, dalle cucine in cui si stava preparando la colazione.

In lontananza sentivo il muggito delle mucche, il canto del gallo, il pianto di un bambino.

Vidi il campo di una fattoria coperto dai minuscoli fiorellini del grano saraceno, un altro campo dai fiori gialli della senape.

Una goccia di rugiada posata sul muschio che ricopriva il ramo di un cipresso rifletté il sole del mattino, proiettando l'immagine del mondo.

Mi chiesi quali "luoghi sacri" avessi visitato in giro per il mondo.

The Tongsa Dzong[1] appeared between flocks of clouds and fog, faintly and briefly.

Bhutan is a small country of less than 700,000 people, at the edge of the Himalayan mountain range, between India and China.

One morning, I was photographing the Jackar Dzone in Bumthang, known as an "the fortress of the white bird".

On my way, I walked through yard of houses in a village.

A girl was washing her hair in the stream.

A ray of morning sun struck through the smoke, rising from houses whose inhabitants were cooking breakfast in their kitchen.

Cows' moo, chickens' song, baby's cries in the distance.

A patch of farm is covered with tiny white flowers of buckwheat, another patch with yellow flowers of mustard.

A dewdrop on the moss hanging from a cypress branch reflects a morning sun and projects the world.

Wondered what "sacred places" I have been looking around the world?

Traveling many years, I have never seen another place as peaceful as Bhutan, and no other place has aroused such peacefulness within myself.

If there is a place indeed named Utopia, this may come to the closest to Bhutan.

I was touched by its selfless people, who include farmers, monks, high-rank officials and even the King. During the 6-year periods of visiting Bhutan, my interests grew into wanting to photograph people. After a few decades of photographing "Sacred Places", I started to see that sacredness is also within the heart of people, regardless their being religious or non-religious. I see the caring heart, and loving heart seems as sacred as religious sites.

Since 2008, I have returned to India, to start photograph mainly people. The work is entitled *INDIA - Where Prayer Echoes*. I re-visited previously photographed cities and sites, this time to point my camera to the people.

I realized that the time in Bhutan was a turning point of my photographic career to focus into seeing the depth of people.

1 Dzong means a fortress-like majestic architecture, place of civil and religious power.

Viaggio da molti anni, ma non ho mai visto un luogo così in pace come il Bhutan, un posto che sapesse far nascere in me un simile senso di tranquillità. Se esiste veramente un sito chiamato Utopia, deve essere sicuramente molto simile al Bhutan.

Mi ha commosso l'altruismo della sua gente: contadini e monaci, ufficiali d'alto rango e persino il re. Nel corso dei sei anni in cui mi sono recato in questo Paese, ho sentito sempre più forte in me l'interesse a ritrarre la sua popolazione. E così, dopo diversi decenni in cui ho fotografato "Luoghi Sacri", ho iniziato a vedere la sacralità anche nel cuore delle persone, che fossero o meno religiosi. Ho capito che un cuore amorevole, un cuore aperto agli altri è sacro quanto un sito religioso.

Dal 2008 sono tornato in India e ho iniziato a fotografare soprattutto persone, realizzando un lavoro che ho intitolato *INDIA - Where Prayer Echoes*. Ho visitato di nuovo città e luoghi già fotografati, ma questa volta puntando l'obiettivo sulla gente.

Ho così compreso che il periodo trascorso in Bhutan è stato un punto di svolta della mia carriera fotografica: da quel momento, infatti, mi sono concentrato soprattutto a cogliere la profondità delle persone.

1 Con il termine "Dzong" si intende un'architettura maestosa, simile a una fortezza, centro del potere civile e religioso.

Kenro Izu è nato a Osaka, Giappone, nel 1949.
Vive e lavora a Kanazawa.

**Kenro Izu was born in Osaka, Japan, in 1949.
He lives and works in Kanazawa.**

MOSTRE SELEZIONATE
SELECTED EXHIBITIONS

Mostre personali dal 2013
Solo Exhibitions from 2013

2024

Kenro Izu: Sacred Places, Tonami Art Museum, Tonami, Giappone / Japan

2023

Kenro Izu: Bhutan, Roonee 247 Fine Arts, Tokyo, Giappone / Japan

Kenro Izu: BLUE, PGI Gallery, Tokyo, Giappone / Japan

2022

Kenro Izu: Sacred Places of Asia, Hanzomon Museum, Tokyo, Giappone / Japan

Kenro Izu: The Holy Light of Platinum, Licence Art Gallery, Tainan city, Taiwan

2021

Kenro Izu: Unpublished work, Iwao Gallery, Tokyo, Giappone / Japan

Kenro Izu: Journey without a map, Roonee 247 Fine Arts, Tokyo, Giappone / Japan

Kenro Izu: Mono no aware, PGI Gallery, Tokyo, Giappone / Japan

2020

Kenro Izu: Pompeii Requiem, Fujifilm Photo Salon, Mini Gallery, Tokyo, Giappone / Japan

Kenro Izu: Eternal Light, Gallery Bauhaus, Tokyo, Giappone / Japan

Kenro Izu: Fuzhou: Forgotten Land, Fujifilm Imaging Plaza, Tokyo, Giappone / Japan

2019

Kenro Izu: Seduction, Spazio Damiani, Bologna, Italia / Italy

Kenro Izu ~ Brushed with Light, Photography West Gallery, Carmel, CA, USA

Kenro Izu 40 years retrospective, Nabshi Institute, Teheran / Tehran, Iran

Pompeii-Requiem, Fondazione Fotografia Modena, Modena, Italia / Italy

2018

Sacred Places, Aaron Renzy Gallery, Kingston, NY, USA

Outside of Time, Hearst North Tower Gallery, New York, NY, USA

Kenro Izu – Forty Years of Retrospective, House of Lucie Gallery, Bangkok, Thailandia / Thailand

Fuzhou a sacred land, Han Feng Artspace, Shanghai, Cina / China

2017

Seduction of Pear, Gallery Bauhaus, Tokyo, Giappone / Japan

Eternal Light, KALLISTO, Santa Fe, NM, USA

Eternal Light, Howard Greenberg Gallery, New York, NY, USA

Seduction, Gallery 1839, Taipei, Taiwan

2016

Bhutan Sacred Within, Konica Minolta Plaza, Tokyo, Giappone / Japan

Eternal Light of India, Kiyosato Museum of Photographic Art, Yamanashi, Giappone / Japan

2015

Platinum Print, 1839 Contemporary Gallery, Taipei, Taiwan

Eternal Light, Zeit Foto Salon, Tokyo, Giappone / Japan

A thirty years retrospective, 1839 Contemporary Gallery, Taipei, Taiwan

INDIA – Where Prayer Echoes, Kriti Gallery, Varanasi, India

2014

Territories of the Soul, Fondazione Fotografia Modena, Modena, Italia / Italy

Taiwan Photo Fair "Platinum Prints", organizzata da / organized by 1839 Contemporary Gallery, Shinkong Mitsukoshi, Taipei, Taiwan

Still Life, In Camera Galerie, Parigi / Paris, Francia / France

2013

INDIA – Where Prayer Echoes, Howard Greenberg Gallery, New York, NY

Mostre collettive dal 2014
Group Exhibitions from 2014

2024

Kenro Izu -BLUE, Gallery OUT of PLACE, Nara, Giappone / Japan

The Art of Light: Observation and Witness, Shadai-Gallery, Tokyo, Giappone / Japan

2023

Yumiko Izu and Kenro Izu - Floral Master Works, Photography West Gallery, Carmel, CA, USA

Intimites, In Camera Galerie, Parigi / Paris, Francia / France

2022

New Mexico Ancient Land and Culture, Scheinbaum & Russek LTD, Santa Fe, NM, USA

"Letter to Photography" of Gelatin Silver Session, Axis Gallery, Tokyo, Giappone / Japan

2021

Two Person Exhibition - Sacred Structures, Byrdcliff Kleinart/James Center for the Arts, Woodstock, NY, USA

2019

Japanese Nudes, Japan Museum SieboldHuis, Leiden, Paesi Bassi / Netherlands

Fuzyou - Forgotten Land, Amanyangyun Gallery, Han Feng Art Space, Cina / China

Gelatin Silver Session, Axis Gallery, Tokyo, Giappone / Japan

2018

Kenro and Yumiko Izu – Nature Morte, Bangkok, Thailandia / Thailand

Yumiko Izu and Kenro Izu, In Camera Galerie, Parigi / **Paris**, Francia / France

Yumiko and Kenro Izu – In Harmony, Scheinbaum & Russek, Santa Fe, NM, USA

27th Annual Floral Master Works, Photography West Gallery, Carmel, CA, USA

2017

Life, Gallery Bauhaus, Tokyo, Giappone / Japan

Gelatin Silver Session "Portrait", Axis Gallery, Tokyo, Giappone / Japan

Beauty of Contact Print, Taipei Photo Fair, Taipei, Taiwan

2016

Songs of Laos, mostra solidale di sei fotografi / benefit exhibition of six photographers, Serindia Gallery, Bangkok, Thailandia / Thailand

Sacred / Profane, Photolux, Lucca, Italia / Italy

2015

Frontiers Reimagined, Museo di Palazzo Grimani, Venezia / Venice, Italia / Italy

Songs of Lao, mostra duo solidale per / benefit duo exhibition for Lao Friends Hospital for Children
Un progetto di / A project by Friends Without A Border, Booker/Lowe Gallery, Houston TX, USA

Sacred / Profane, Photolux Festival, Lucca, Italia / Italy

2014

Songs of Lao, mostra collettiva solidale per / *benefit group exhibition for Lao Friends Hospital for Children*
*Un progetto di / A project by Fri*ends Without A Border, Howard Greenberg Gallery, New York, NY, USA

PLATINUM: Contemporary Photography, Phoenix Art Museum, AZ, USA

DEARDORFF, Gallery Bauhaus, Tokyo, Giappone / Japan

23rd Annual Floral Master Works, Photography West Gallery, Carmel, CA, USA

In copertina / Cover
Monte Kailash, la montagna sacra, Tibet
Mount Kailash, the holy mountain, Tibet
2000

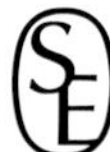

Silvana Editoriale

Direttore generale / General Director
Michele Pizzi

Direttore editoriale / Editorial Director
Sergio Di Stefano

Art Director
Giacomo Merli

Coordinamento redazionale / Editorial Coordinator
Silvia Perfetti

Progetto grafico e impaginazione
Graphic Design and Layout
Stefano Tosi

Traduzione e redazione / Translation and Copy Editing
Cristina Pradella

Coordinamento di produzione / Production Coordinator
Antonio Micelli

Segreteria di redazione / Editorial Assistant
Giulia Mercanti

Ufficio iconografico / Photo Editor
Silvia Sala

Ufficio stampa / Press Office
Alessandra Olivari, press@silvanaeditoriale.it

ISBN 9788836660674

p. 2
Preghiera al Tempio d'Oro, Amritsar, India
Prayer at the Golden Temple, Amritsar, India
2009

p. 8
Bandiera di preghiera, Mustang, Nepal
Prayer flag, Mustang, Nepal
1998

p. 10
Testa di Buddha nell'albero, Ayutthaya, Thailandia
Buddha head in tree roots, Ayutthaya, Thailand
1998

p. 15
Ta Prohm, Angkor, Cambogia
Ta Prohm, Angkor, Cambodia
1993

p. 16
Sorgere della luna a Stonehenge, Amesbury, Inghilterra
Moonrise at Stonehenge, Amesbury, England
1992

Silvana Editoriale S.p.A.
via dei Lavoratori, 78
20092 Cinisello Balsamo, Milano
tel. 02 453 951 01
www.silvanaeditoriale.it

Le riproduzioni, la stampa e la rilegatura
sono state eseguite in Italia
Reproductions, printing and binding in Italy

Stampato da / Printed by Grafiche Peruzzo,
Mestrino (PD)

Finito di stampare
nel mese di maggio / *Printed in May* 2025